Oruç Güvenç

Mevlânâ Rûmî und die Gottgeliebten

Sufi-Reihe No 1

Oruç Güvenç
Mevlana Rumi
und die Gottgeliebten

1.Auflage 9/2017
2.Auflage 11/2023

ISBN 978-3-903221-01-7

silsile
Die Goldene Kette
zwischen Orient und Oxident

herausgegeben
von

makamhane
east & west in resonance

www.silsile.at

Inhaltsangabe

Zur Übersetzung

Jahrzehntelang bemühte sich Dr. Rahmi Oruç Güvenç (1948–2017), der bekannte Sufimeister und Musiktherapeut, den Sufismus im Sinne der Einsheit des Seins (*vahdetü l-vücûd*)[1] auch den Interessierten im Westen zu vermitteln. Als ein Hauptvertreter dieser gelebten Philosophie gilt Hazreti[2] Mevlânâ, der hierzulande als Rûmî bekannt ist. Güvenç verfasste diese vorliegende Schrift 1976 als universitäre Diplomarbeit der Literaturwissenschaft unter der spirituellen Mentorenschaft des Turgut Söylemezoğlu, des Schülers des *Mevlevî*[3]-Großmeisters und Vorstand der Istanbuler Galata *Mevlevî-hâne* Ahmed Celâleddîn Dede[4] (m. 1948).

Im vorliegenden Buch, das Hz.Mevlânâ und andere Gottgeliebte zum Inhalt hat, finden wir, da das Original in türkischer Sprache verfasst worden ist, zahlreiche Begriffe, für die es keine vollständig adäquate Entsprechung in der deutschen Sprache gibt. Um den Leser nicht durch eine Vielzahl an originalen Begriffen zu irritieren, sind die spezifisch sufischen Termini als solche in den Fußnote angegeben und behindern so nicht den Lesefluss. Im Text versuchten wir dennoch den Weg der Umschreibung größtenteils zu vermeiden und Wörter in unserem Sprachgebrauch zu finden, die inhaltlich dem Original möglichst nahe kommen. Interessanterweise kamen uns im älteren Deutsch Begriffe und Wortwendungen entgegen, die zwar vordergründig antiquiert klingen, sich aber in ihrer Ursprünglichkeit als reich an Bedeutung erweisen. Einige Ausdrücke dieser Tradition beließen wir im Original und stellten eine Übersetzungsvariante als Fußnote zur Seite. Gemeinhin gilt die Regel, dass, wenn ein Begriff einmal erklärt wurde, er nicht weiterhin definiert werden muss. In einigen Fällen erwies es sich als inhaltlich sinnvoll, die homonymen Wortspiele des ursprünglich persischsprachigen Textes Mevlânâs mit verschiedenen Übersetzungen zu belegen.

In den Fußnoten wurden auch kurze Erklärungen zu Personen, Begriffen und Textstellen gegeben. Weiters wurden in Konkordanz zu den Rûmî-Zitaten auch die Verszahl des *Mesnevî*[5] bzw. die Gedichtnummern aus zwei unterschiedlichen *Dîvân*-Übersetzungen[6] beigefügt, die Güvenç in engerer Auswahl zur Verfügung standen.

---

1 Es handelt sich um die sufische Hauptströmung, welche die Einheit Schöpfer-Schöpfung postuliert. Wichtigster Vertreter ist Ibnu l'Arabî (m. 1240). **2** Seine Präsenz, im Sinne von Erhabenheit; abgekürzt: Hz. **3** In Bälde bei silsile: Aḥmed Celâleddīn Baykara, *Das große Alif, Dichtung des letzten Großmeisters des Rūmī-Ordens.* **4** Der Orden Rûmîs der drehenden Derwische; **5** *Mesnevî-i ma'nevî*, poetisches Hauptwerk Mevlânâs, 26.000 Zweizeiler; **6** Güvenç zitiert Rûmî in türkischer Übersetzung von Abdulbaki Gölpınarlı und Nuri Gencosman; siehe: Abk. der Quellenangaben

Oruç Güvenç nützt in dieser Arbeit die komplexe Verschachtelung des türkischen Satzbaus, um eine Realität auszudrücken, die das Ergebnis verschiedener Wirksamkeiten ist. Unsere heutige verkürzte Anwendung der Syntax greift leider oft auch hinsichtlich der Beschreibung vielschichtiger Realitäten etwas zu kurz. Wir versuchten diesbezüglich in der Übersetzung dem Original so nah wie möglich zu bleiben und dabei sprachlich doch unserem heutigen Stil zu entsprechen. In einigen Fällen konnte dies aber nicht gewährleistet werden. Wir hoffen jedoch, den Leser mit dieser Art der Sprachführung nicht allzu sehr vom Inhalt dieses Kompendiums an orientalischer Weisheit abzulenken.

Wir wünschen dem Leser das innige Gefühl der Göttlichen Fürsorge, die wir aus dieser Literatur entnehmen konnten und danken den hilfreichen Freunden Sema Randoll und Muhammed M. Weinberger, die diese Arbeit lektoriert haben.

D. Enis Mete, Wien 2017

Zur Aussprache:

Für Eigennamen und Begriffe türkischer, arabischer und persischer Herkunft wird die neutürkische Schreibweise verwendet, worin sich einige Buchstaben in ihrer Aussprache von der deutschen unterscheiden:

türkisch	*deutsch*
â, î, û . . .	Langvokale (hier für alle arab. u. pers. Langvokale)[7]
c . . .	dsch
ç . . .	tsch
ğ . . .	stummer Konsonant, verlängert den vorherigen Vokal
ı . . .	dumpfes guturales i
ş . . .	sch
v . . .	w
y . . .	j am Wortanfang, im Wortinneren zumeist i
z . . .	ß

7 Das Neutürkische, somit auch das türkischsprachige Buch von Güvenç, verwendet fallweise die Langvokalzeichen der arabischen und persischen Termini. So enstehen vermehrt über die zeitliche Distanz zum Osmanischen Missverständnisse. Wir geben darum alle Langvokale an.

Abkürzung von viel benützten Quellen:

M: *Mesnevî, Tercümesi ve Şerhi,* I.-VI. cilt, Mevlânâ Celâleddîn-i Rûmî; Übersetzer (Üb.): Abdülbâki Gölpınarlı, İstanbul 1990. Es wurden hier zur Bandnummer-Angabe Güvençs die Verszahlen des *Mesnevî* mitgenannt.

AM: *Ariflerin Menkıbeleri* (*Menâkibü'l-ârifîn*), Ahmed Eflâkî; Üb.: Tahsin Yazıcı, İstanbul 1986. Es wurden hier die Abschnitte und Kapitel anstelle der Seitenzahlangabe der Yazıcı-Übersetzung genannt.

Rub: *Rubâîler*, Mevlânâ Celâleddîn; Üb.: A. Gölpınarlı, Ankara 1982. Es sind Vierzeiler Rûmîs. Der Kleinbuchstabe nach der Bezeichnung *Rub* der Zitation bezieht sich auf den Schlussbuchstaben des Reimwortes. Die Reihenfolge der Gedichte in den Gedichtsammlungen, *dîvân*, wurde stets anhand der Schlussbuchstaben der Reimwörter alphabetisch geordnet.

Rub Ge: *Mevlânâ'nın Rubaileri, Seçmeler,* Üb.: Nuri Gencosman, Ankara 1965 und fortsetzend: *Mevlânâ, Rubâiler II*, Ankara 1971. Gencosman gab keine Konkordanz zu bestehenden Handschriften.

Der türkische Rûmî-Experte Şefik Can übersetzte alle Vierzeiler Rûmîs[7] und stellte eine Konkordanz zwischen Gölpınarlıs Gesamtausgabe und der kritischen Edition des *Dîvân* Rûmîs[8] vom Furûzânfar dar. Wir konnten ebenso fast alle Gencosman-Zitate in der persischen Edition ausfindig machen. Somit sind die Gedichte Rûmîs im Güvenç-Buch auf das persischsprachige Original rückbeziehbar. Siehe: Appendix, Konkordanz

Q *Qur'ân,* Ausgabe: *Der Koran,* übersetzt und kommentiert von Adel Theodor Khoury, Gütersloh 2007; bzw. von D. Mete selbst übersetzt. Wesentliche Kommentare ebenso in *The Study Quran, A New Translation and Commentary*, ed. al. Seyyed Hossein Nasr, New Yo rk 2015.

---

7 Şefik Can, *Hz. Mevlânâ'nın Rubaileri*, T.C. Kültür Bakanlığı, Ankara 1990.
8 Badî'uzzamân Furûzânfar, *Kulliyât-ı Şams (Dîvân-i kabîr),* Moûlânâ Calâl ad-Dîn, ed. Furûzânfar; Tehrân 1959. Furûzânfar zählt 1983 Vierzeiler.

Mevlânâ Rûmî und die Gottgeliebten

„ ... Ich bin der Erden Staub,
auf dem Ahmed* schritt.
Wenn jemand anderes behauptet,
werde ich dagegen einsprechen.“

Hz.Mevlânâ

* Der Prophet Muhammed (Gottes Frieden auf ihn), Zitat aus *rubâ'i* Nr 1173 der Fouruzunfar Edition .

Vorwort

Der Moment, in dem sich ein Mensch befindet, ist sowohl ein Verschmelzungspunkt der Vergangenheit und der Zukunft als auch eine Einheit des Wissens und der kulturellen Realität einer Person. Der innere Zustand[1] eines Menschen übermittelt Elemente aus allen Bereichen der Vergangenheit. In Anbetracht dessen kann man durch die sichere Bestimmung und Interpretation der Vergangenheitsquellen ein bewusstes und anwendbares Wissen in der Gegenwart erlangen. Dieses Wissen kann durch eine respektvolle Haltung gegenüber der Vergangenheit genutzt werden.

Die Wahrheit existiert zu jeder Zeit. Aber indem sie in der Vergangenheit von einer mündlichen in eine schriftliche Form übertragen wurde, findet sie in unseren Tagen anhand von Chiffren die Möglichkeit zur Verlebendigung. Mittels der Dechiffrierung vermag man zu der überraschenden Feststellung gelangen, dass diese Lebensformeln zu jeder Zeitepoche dieselben sind. Für die Herzensmenschen[2], die diese Wahrheit liebevoll zu umarmen suchen, existieren die Geliebten Gottes zu jeder Zeit, und durch diese das Angebot des segensreichen kühlenden Tranks der Göttlichen Wahrheit.[3]

Einer der erwähnten Übermittler von *feyz*, der Segenskraft, ist der König der Herzen, Mevlânâ Celâleddîn-i Rûmî, der seinem Worte gemäß in den Herzen der Wissenden[4] lebendig bleibt. Seine auf Liebe basierende Gesinnung wird, solange die Welt besteht, für die Menschheit als Quelle der frohen Botschaft und der Hoffnung die offensichtlichen Gegensätze abbauen, vereinen und dadurch die absolute Einheit[5] ermöglichen.

Mevlânâ liebte Gott. Dieser Zustand trat mit solch einer Liebe in Erscheinung, dass die gesamte äußere Dimension in seiner Person aufgelöst wurde. Da diese Liebe ihn selbst zur Auflösung gebracht hat, ist es gewiss, dass Gott ihn ebenso geliebt hat. So wie wir unsere Grüße und unseren Respekt zum Ausdruck bringen gegenüber dem großen Ordensgründer der Mevlevîs, dem Zeremonienmeister der Versammlungsstätte Ahmeds[6], so bitten wir ebenso den werten Leser, unsere Fehler zu vergeben.

---

1 *hâl;* **2** *ehl-i dil*; **3** *feyz-i hakîkat şerbetleri*; **4** *ârifs*; **5** *tevhîd-i mutlak*; **6** *meydân-i Ahmed*

Es ist nicht leicht, das Thema über die Freunde Gottes[7] zu eröffnen. Sie, die Jahrhunderte hindurch für die Gemeinschaften der Menschen richtungsweisend waren und durch ein Wissen gesegnet sind, das von den höchsten Wahrheiten kommt, haben ein Licht in den dunklen Zweifel des Verstandes gebracht. Das Medium Erde, das unsere physische und geistige Entwicklung erfordert und für diese Entwicklung unabdingbar ist, stellt uns in unserem gesamten Leben vor die unterschiedlichsten Probleme. Die durch die Lösung dieser Probleme erlangte Freude und das Wissen um diese Freude sind für uns Trost und Ziel. Dieser ideale Lebenszustand, der uns zeitweise durch das Verstehen seiner Gesetzmäßigkeiten vertraut vorkommt, entgleitet uns, wenn wir unsere Selbstkontrolle und Geduld verlieren und dadurch wiederum in die Dunkelheit und Abgründe unseres Egos fallen.

Es ist gewiss, dass viele Wesen in diese Welt herabgestiegen sind, beauftragt, uns Wege zu zeigen, die zum ganzheitlichen und essentiellen Wissen führen. Dieses Wissen ist der Ursprung der Eigenschaften, die jenseits unserer Vermutungen, Ansichten und Schwächen liegen. Wir bereiten uns auf die Erlangung der reinen Essenz unserer Existenz vor, wenn wir unsere Aufmerksamkeit auf diese Wesen und Mitteilungen des höchsten Willens, dem sie hierin dienen, lenken.

In unserer Arbeit, die schlicht mit „die Gottgeliebten" bezeichnet ist, versuchen wir Ihnen nach unserem besten Vermögen den Lebensgang der in den Wahrheitsangelegenheiten tatsächlich nah gekommenen großen Gottesfreunde und die Prinzipien der Bestimmungen, die sie erlangt haben, vorzustellen. Sie haben den rechten Weg erreicht und sind dadurch zu Vermittlern des rechten Weges geworden. In Hinblick auf die Weite dieses Themas und der großen Verantwortung dies zu präsentieren, bitten wir, dass unsere Mängel vergeben seien. Mögen diese Inhalte zum Nutzen aller gereichen.

---

7 *Hak dostlari*

Mevlânâ Celâleddîn Rûmî

Der große geistige Führer[8] Mevlânâ, der zusammen mit seinem Vater Muhammed Bahâeddîn Veled, der Sultan der Gelehrten[9] genannt wurde, von Zentralasien nach Anatolien kam, wurde am 30. September 1207 in der Stadt Balch in Horâsân geboren. Bahâeddîn Veled musste aus verschiedenen Gründen aus Balch emigrieren. Er und seine Familie, Celâleddîn miteingeschlossen, kamen vorerst nach Bagdad, zogen weiter nach Erzincan. Schließlich ließ sich Bahâeddîn als Gast von Alâeddîn Keykubat[10] in Konya nieder.

In Konya und Umgebung gelangte Bahâeddîn durch sein Wissen zu großem Ansehen. Der Lehrer von Alâeddîn Keykubat, Emir Bedreddîn Cevhertaş, reihte sich unter seine Schüler. Nach dem Tod Bahâeddîn Veleds am 12. Jänner 1231 übernahm Mevlânâ das Lehramt seines Vaters. Mittlerweile hatte Mevlânâ unter der Fürsorge des Seyyid Burhâneddîn Muhakkik von Tirmiz sein Wissen durch neun Jahre weiteren Unterrichts erweitert. Miteingeschlossen waren Studien in Aleppo und Damaskus. Burhâneddîn ermunterte Mevlânâ in die Freuden der Einheit[11] einzutauchen. Jedoch erwies sich der *Kalenderî*-Derwisch[12] Şems-i Tebriz als der wirkliche Quell der Segenskraft und brachte Mevlânâ in die Nähe seines wahren Selbstes. Mit einer Lebenseinstellung, die von dem Gedanken der Einsheit allen Seins[13] durchwoben war, gelang es ihm, in Mevlânâs zur Liebe hin geöffnetes Herz einzutreten. Durch die vollbrachte Umwandlung in dessen Herzen übermittelte dieser bescheidene Derwisch der Menschheit dienliche Wahrheiten, die nicht durch die Unbeständigkeit der Zeit beeinflusst werden können. Wann auch immer Mevlânâs Name erwähnt wird, erinnert man sich ebenso seiner als „Mundschenk der Göttlichen Verzückung"[14], und dies wird auch in Zukunft so sein. Wie das Ende jeder gipfelnden Freude wurde diese physische und geistige Einheit von der physischen Seite her gelöst. Mevlânâs überreiche Periode begann durch das Verschwinden von Şems aus Konya, und die Wahrheiten der inneren Liebe wurden enthüllt und in Gedichten, Gaselen und *rubâ'îyât*[15] widergespiegelt. Aflâkî[16] schreibt in seinem Werk „Das Wirken der Wissenden":

---

8 *mürşid*; **9** *sultan-i ulemâ*; **10** Seldschukenfürst; **11** *tevhîd*; **12** Wanderderwisch; **13** *vahdet-i vücûd*; **14** *cezbe-i ilâhî sâkisi*; **15** Liebesgedichtsform (*gazel*) und Vierzeiler; **16** Verfasser der *Menâkıbu l-ârifîn*, der zweitältesten Biographie Mevlânâs und der seiner Gefährten;

„Da trafen sich der Pol[17] der Abdâls[18] und Evtâds[19], der Sultan der Wissenden, bekannt als der Goldschläger von Konya, Sohn des Yağa Hasan, Zerkûb genannte Scheich[20] Selâhaddîn Ferîdun und Mevlânâ und sie entrückten gemeinsam in die spirituelle Dimension[11]. Mit dem Ende der Suche nach Şemseddîn Tebrizî und dem beginnenden Schauen seiner Geheimnisse in der eigenen Seele[22] wählte Hz.Mevlânâ Hz.Scheich Selâheddîn als seinen engsten Freund und als obersten seiner Freunde. Er machte ihn zu seinem Stellvertreter, seinem Gefährten bei Versammlungen und zum innigsten Freund seines Rückzugs.[23] Mevlânâ fand Frieden in seiner Existenz. Die Schüler lernten viel von den Gesprächen der beiden und die Eifersüchtigen gingen zugrunde. Zehn Jahre lang hatten die Freunde mühelosen Gewinn durch die Präsenz dieses Meisters und Mevlânâs. Stets ermunterte Hz.Mevlânâ seinen Sohn Sultan Veled, dem er viel Gunst und Fürsorge zuteil werden ließ, die Freunde Gottes[24] mit Respekt und Würde zu behandeln und dem Scheich Selâheddîn vollkommen zu dienen. Er riet ihm, dessen Lehrgespräche nicht zu versäumen und sich die Mühe zu machen, bei seinen Gesprächen zugegen zu sein."

Menâkıbu l-ârifîn (AM) 5:1

„In diesem Laden des Goldschlagens
ist ein Schatz aufgetaucht;
wie schön ist die Form[25],
wie schön ist der Inhalt[26],
wie schön... wie schön..." AM 5:5

Nach dem Tod Selâhaddîn Zerkûbîs schreibt Aflâkî weiter:
„Der Beyâzid und Cüneyd[27] seiner Zeit, der Schlüssel zu den Schätzen des Gottesthrones[28], der Verwalter der weltlichen Schätze, dessen Existenz durch die guten Gewohnheiten des Propheten Muhammeds (Gottes Friede auf ihn) und die religiösen Verpflichtungen[29] bestimmt ist, der Freund Gottes, der Fürsprecher der Freunde am Tag des jüngsten Gerichtes, Ahî

17 *kutûb*: stets wechselnder höchster Heiliger der islamischen Heiligenhierarchie; er befindet sich in dieser Welt; **18** Bezeichnung von vierzig außerwählten Heiligen; **19** vier Heilige, die über die vier Himmelsrichtungen wachen; **20** spiritueller Meister; **21** mânâ (*ma'nâ*) *alemi*; **22** Vgl. Qur'ân (Q) 51:21; **23** *halvet*; **24** *velî*; **25** *süret;* **26** *ma'nâ*; **27** Beyâzid-i Bestâmî (m. 874) und Cüneyd-i Bagdâdî (m. 910): frühislam. Sufiheilige; **28** *arş;* **29** *sünnet ve farz*;

Türks Sohn, genannt Hasan, dessen Sohn genannt Muhammed, dessen Sohn genannt Hüsâmeddîn, der das Schwert Gottes und der Religion ist, erschien und dieser hatte eine bedeutende Wirkung im Entstehen eines großen Segens und des Beginnes an der Niederschrift des *Mesnevîs*[30]."

AM 6:1

„O Lichtstrahl Gottes, Hüsâmeddîn!
Mittels deines heiligen Lichtes überschreitet dieses *Mesnevî*
die Grade des im Himmel befindlichen Mondes.
O Ziel der Ziele, deine große Gunst vollbringt dies.
Wohin dies reichen wird, weiß nur Gott..."

Mesnevî (M) 4:1-2

Mevlânâ erlangte die heilige Vereinigung am 17. Dezember 1273 in Konya. Ein Blick auf die Leute, die an seiner Begräbnisprozession teilnahmen – Gelehrte, Sufis, Ahîs[21], Wanderderwische, Christen, Priester, Juden und Rabbis – zeigt, wie beliebt er war. Es zeigt aber auch, dass er von Gott auserwählt war und geliebt wurde.

30 Hüsâmeddîn Celebi motivierte zum Fortfahren des Werkes und schrieb, wie Zerkûbî, die frei vorgetragenen Gedichte Rûmîs nieder. **31** geistige Brüder eines Handwerk-Derwischordens;

Teil 1

Celâleddîn Muhammed, der König der Herzen, weist darauf hin, dass „Gedankenketten", die normalerweise an der Oberfläche treiben, unter bestimmten Umständen tiefer gehen können und dadurch Verbindungen zu den Essenzen[32] des Daseins aufzubauen vermögen. Diese Essenzen können auf die Oberfläche einwirken und diese disziplinieren. Er erläutert, dass das Essentielle eine Lebensweise ist, die von einem Wissen durchdrungen ist, welches jenseits der kategorischen und oberflächlich beschränkten Vermutungen des Menschen existiert. Die notwendigen Überzeugungen und das Wissen hierüber sind jenen als Gnade gegeben, die dessen würdig sind und die dieses Wissen nicht nur wollen, sondern auch das Recht erworben haben, es zu empfangen.

> „Die Gemüter, die ohne Demut sind,
> können das Geheimnis nicht erreichen. …" *Rubâ'îyât* (Rub) Ge 448

Der erwähnte Zustand der Demut ist wie ein Strudel, der diejenigen anzieht, die das Wissen Gottes in der Schöpfung suchen. In der unendlichen Einheit erfüllt es sie mit Ekstase. Mevlânâ hat den Menschen, die nach dem einen und absoluten Wissen im Universum suchen, etwas zu berichten:

> „In jenem Moment, wenn du deine Triebseele[33] anklagst
> und beherrschst, wird dir das vollständige Wissen
> über die Entwicklung offenbar sein.
> Er, der nicht gesehen wird, und dessen Erscheinung
> vom gesamten Universum gesucht ist, wird im Spiegel
> deiner Gedanken zum Vorschein kommen." Rub Ge 644

Um das essentielle Wissen zu erreichen, ist es notwendig, das Ego, das sich hierbei in den Weg stellt, zu überwinden. Darum sind diese Ideen Mevlânâs zu jeder Zeit gültig. Und der Feind, der sich in Farbe, Form und Waffen gehüllt hat, erweist sich stets als derselbe Feind:

---

32 *cevherler*; **33** *nefs*, eigentlich Seele, aber in der Übersetzung öfter auch als Triebseele benannt, da im Sufismus die Konnotation zumeist in diese Richtung geht. Die Seele wandelt sich mit Gottes Hilfe und viel Bemühen von einer triebgebundenen Lebensform zu der einer reinen vollkommenen Seele. Vgl. u.a. Q 91:7-11;

„Wenn du deine Triebseele abtötest,
wirst du von den ständigen Entschuldigungen
frei werden und du wirst im ganzen Land
keine Feinde haben." M 2:786

Wenn die Ganzheit erstrebt wird, ist es notwendig, deren Feind besser zu kennen. Wenn der Teil, der hinsichtlich der Ganzheit von geringerer Bedeutung ist, vor uns erscheint, und diese Teile unseren Geistesfrieden, unsere Meditation und Zufriedenheit stören, sehen wir, dass die Ursachen hiervon in unserer Sinnenlust liegen:

„All diese Kümmernisse in unserem Herzen
entstammen dem Staub und Rauch unserer Existenz
und unserem ständigen Wünschen und Wollen." M 1:2296

„Der Himmel, der Mond, die Sonne –
sie alle werfen sich vor den Menschen nieder,
die von sich selbst befreit sind." M 1:3003

Selbstverständlich werden jenen, die über das durchschnittliche Leben hinausgegangen sind, große Anerkennungen geboten. Diese Anerkennungen unterscheiden sich ein wenig von unseren herkömmlichen Vorstellungen:

„Salomon wurde nur darum arm genannt,
weil er die Liebe zu Hab und Gut
aus seinem Herzen gebannt hat." M 1:986

Mevlânâ, der sich die Gesinnung der islamischen Mystik vom Herzen aus angeeignet hat, verstand sehr gut die Ansicht der Einsheit des Seins, *vahdet-i vücûd*, die als eine der Hauptcharakteristiken des Sufismus gilt. Er bewirkte, dass seine ihm Nächsten in Freude darin lebten, und, indem er die

Hauptzüge dieses über vergangene Generationen übermittelten Wissens dargestellt hat, erleichterte er ebenso dessen Verständnis. Durch die Worte „O Sohn, Gott umgibt alles“ (M 1:1487) bestätigte er die Existenz einer Kraft, die allerorts und unter allen Umständen die Materie bestimmt.

Obgleich jede Person ihren eigenen Lebensplan hat, sollte sie hinsichtlich ihres Denkens und Handelns bestimmten Regeln folgen. Wenn wir die Notwendigkeit der zwischenmenschlichen Beziehungen und das sich daraus ergebende Miteinanderteilen von Eigenschaften bedenken, sollten wir einige Ratschläge Mevlânâs beachten, die besagen, dass Beziehungen mit Unwissenden und jenen, die ein verdunkeltes Gemüt aufweisen, großer Vorsicht bedürfen:

> „ ...wehe dem Erwachten, der mit
> dem Unwissenden zusammen sitzt.“ M 2:39

> „Wirf das Gerede der Unwissenden gegen den Stein,
> und befestige ihre Widerhaken
> an der Robe der erwachten Wissenden....“ Rub Ge 820

Der Sufismus betont die Wichtigkeit, die Materie mit Verständnis zu durchdringen. Das Wissen, das so erlangt wird, kommt nicht von den Nuancen und Vibrationen der Materie, sondern von der Quintessenz und deren Ausdruckbereiche:

> „Wissen, das nicht direkt von Gott kommt,
> ist wie die Schminke des Brautschmuckes einer Frau –
> es bleibt nichts hiervon erhalten, sondern verblasst und vergeht.
> Aber wenn du diese Bürde im Guten trägst, wird dir
> die Last abgenommen und Erleichterung geschenkt.“
> M 1:3449-50

„Wenn du jenseits der Namen und Buchstaben
sein möchtest, reinige dich sogleich vollständig
von dir selbst. Wie Eisen überwinde das Eiserne,
und sei farblos wie dieses Eisen.
Sei im *riyâzet*[34] ein staub- und rostfreier Spiegel.
Reinige dich von deinen Eigenschaften,
bis dass du den Urgrund deines reinen und
unverfälschten Wesens erkennst.
Sodann wirst du dich ohne irgendein Buch,
ohne einen Vermittler oder Meister
in deinem Herzen vorfinden und
darin das Wissen der Propheten erschauen." M 1:3458-61

Reife ist, wenn entsprechendes Verhalten zu Befreiung und zu klarem Denken führt. Diese Reife beginnt mit dem Erwachsensein:

„Abgesehen von den Gottestrunkenen
besteht die gesamte Bevölkerung aus Kindern.
Außer dem von Lust und Sinnenverhaftung
Befreiten ist keiner erwachsen." M 1:3430

Das zuvor erwähnte direkte Wissen Gottes ist die Göttliche Eigenschaft des „Allwissenden" und „Allsehenden". Dieses Wissen wird jenen verliehen, die frei von Vermutungen[35] sind.

„Von Gott kam der Bescheid:
‚Ohne Zweifel, von Vermutungen kommt kein Nutzen.'[36]
Wie kann der Vermutungsesel in den Himmel auffahren?
Wenn es zwei Arten von Vermutungen gibt,
wird die stärkere gewählt werden.
Wenn die Sonne zum Vorschein kommt,

34 Bewußte Anstrengung zur Selbsterziehung der Triebseele, asketische Übung;
35 *zan:* Meinung, Mutmaßung,Vorurteil; **36** Q 51:21

wird ihr Vorhandensein und Strahlen nicht geleugnet sein.
Dann werdet ihr sehen, auf welchen Dingen ihr geritten seid.
Ihr werdet erkennen, dass es bloß eure Füße waren,
auf denen ihr galoppiert seid.
Vermutungen, Gedanken, Gefühle und Anschauungen
sind wie ein Stecken, von einem Kind als Pferd erdacht.
Das Wissen der Herzensmenschen trägt diese selbst.
Das Wissen der Körpermenschen ist für sie selbst eine Last."

M 1:3442-46

Mevlânâ betont, dass sich, wenn der Egoismus, der in jeglicher Hinsicht ein Hindernis ist, beseitigt wird und sich eine Befreiung vom Joch der Vereinzelung ebenso einstellt, die Göttlichen Wahrheiten in der Herzensdimension jener zu manifestieren beginnen, die sich dem inneren Göttlichen Wissen[37] zuwenden. Es ist ein unmittelbares Wissen, welches aus der Quelle der inneren Mitte intuitiv gekostet werden kann. Dies ermöglicht sich nicht durch Eifer und Kampf, sondern durch das Aufgeben von Ehrgeiz und Vorsorge.[38] Denn Ehrgeiz und Vorsorge haben ihren Ursprung in der Vermutung, die im Wahrnehmen und Erspüren der Einheit ein Hindernis ist. Es ist die Einheit, in der sich jede Person mit jedem Partikel des Universums in Gleichschwingung befindet. Mevlânâ spricht davon, dass jede Art von Kalamität und Kummer von Begierde und Sinnenverhaftung herrührt. Diese wiederum stehen mit dem im materiellen Universum geschaffenen Körper in Verbindung. Nur durch spirituelle Armut ist man davor bewahrt, im Weltenmeer der Menschen zu versinken, und erreicht stattdessen wahrhaftige Sicherheit:

„Wisse, dass dieser Körper ein Kleid ist.
Geh und erforsche dieses Kleid,
und höre auf, dich daran zu reiben.
Der Körper ist des Geistes Kleid,
diese Hand ist wiederum von des Geistes Hand,
dieser Fuß ist der vom Geist getragene Gebetsschuh.[39]
Du bist Besitzer eines körperlosen Körpers,

37 *ilm-i ledun;* **38** *gayret ve tedbir;* **39** *mest;*

sodenn fürchte dich nicht, wenn deine Seele
den Körper verlässt.“ M 3:1610-13

Wie sich zeigt, weist dieser Sufi als Sultan der Herzen immerzu auf die errichtete Falle hin, in der Absicht davor zu bewahren, in diese hinein zu tappen. Dies ist seine Intention. Das Ego mit seiner Hinwendung zur körperlichen Existenz verursacht mit seinem „Warum“ und „Wie“, welche jede Art von Zweifel, Angst und Besorgnis nähren, die Zerrüttung des Menschen und hält ihn von den Stationen der ihm würdigen Seinsmöglichkeiten ab. Dieses Ego verursacht mittels Verwirrung eine Entfernung vom Zustand der Zufriedenheit und wendet sich so der Gier nach Besitz, der Lüge und der Verleumdung zu.

Ein weiteres Merkmal Mevlânâs ist, dass er das Tor der Hoffnung hinter sich offen lässt. Durch Hoffnung fällt es leichter zu glauben:

„Die Propheten sprachen:
Ja, Gott hat Eigenschaften geschaffen,
vor denen es weder Entkommen noch Ausweichen gibt.
Aber Gott hat ebenso aszendierende Eigenschaften
geschaffen, von denen man Abstand nehmen kann.
Wenn eine Person, die sich den Hass aller anderen zuzieht,
von dieser hervorrufenden Eigenschaft Abstand nimmt
und ihre schlechte Angewohnheit aufgibt,
gewinnt sie hierdurch die Zuneigung aller
und jeder wird mit ihr zufrieden sein.“ M 3:2909-10

„Die Propheten sprachen:
In Hoffnungslosigkeit zu fallen ist schlecht.
Gottes Wohltaten und Barmherzigkeiten sind endlos.
Niemals ist es angebracht, hoffnungslos über den
Inhaber solcher Gnadengaben zu sein.
Ergreift diese Barmherzigkeit und klammert euch daran!
Wie viele Dinge gibt es, die am Anfang schwer zu sein

scheinen, sodann sehr einfach werden und die Schwierigkeit geht vorüber. Wie viele Sonnen gibt es jenseits davon! Welch große Hoffnungen nach der Hoffnungslosigkeit..."

M 3:2922-25

Glaube und Hoffnung gehören zu den höchsten Qualitäten des Menschen. Wenn diese Qualitäten im Menschen die Möglichkeit zur Umsetzung finden, kann das vor ihm liegende Hindernis der individuellen Meinung und des Verstandes überwunden werden, sodann treten Erstaunen und Bewunderung hervor:

„... oder wenn er nicht so sehr mit indirektem Wissen
angefüllt wäre, könnte er das intuitive Wissen eines
Heiligen erfassen.
So du in der Anwesenheit solch eines heiligen Lichtes
das Buch vor ihm öffnest, wird dein auf heilige Intuition
beruhender Geist dich zurechtweisen.
Wisse, dass gegenüber den Worten des *kutûbs* seiner Zeit
das indirekte Wissen der rituellen Sandwaschung[40] gleicht,
während es Wasser gibt. ... Setz dich selbst in den Stand
des Narren, passe dich ihm an und schreite voran.
Nur durch die Narrheit kannst du gerettet sein!
Der Intellekt und die Klugheit machen dich stolz.
Sei ein Narr, sodass dein Herz im Rechten bleibt.
Die Narrheit, von der ich sprach, ist nicht die Dummheit
des Menschen, die fürs Volk eine doppelte Maskerade ist.
Diese Narrheit ist die Narrheit eines Menschen,
der über Ihn im Staunen ist.
Die Selbstvergessenen sind jene, die Josefs Gesicht sehen,
sie blieben in seiner Schönheit versunken.
Sind sie nicht jene, die sich durch den Anblick seines Gesichts
die Hände zerschneiden?[41] Darum sind sie die Narren!
Opfere in der Liebe zum Freund den Verstand, denn

---

40 Sie ist eine Form der Reinigung für das Ritualgebet, wenn kein Wasser zur Verfügung steht.
41 Vgl. Q 12:31; Einige Frauen schnitten sich, während sie Orangen schälten, beim jähen Anblick des schönen Propheten Josef versehentlich in die Hände.

jegliche Vernunft kommt ohnehin von Seiner Richtung.
Die Vernünftigen haben ihren Verstand dorthin gesendet;
der Dumme, der nicht geliebt wird, bleibt auf dieser Seite!
Wenn im Erstaunen dein Verstand den Kopf verlässt,
entwächst jedem Haar deines Kopfes Verstand und Kopf.
Auf jener Seite sind keine rationalen Gedanken belastend,
denn dort sprießt aus jeder Pflanze und jedem Garten
Vernunft und Verstand. So du an dieser Pflanze
vorüberziehst und du zu jener dort kommst,
wirst du geistreiche Bemerkungen vernehmen.
Wenn du dort zu den Weinbergen und Gärten gelangst,
wird dein Dattelsprössling saftig ergrünen!" M 4:1416-23

Dieses neue Stadium des Erstaunens und Wunderns übersteigt die Persönlichkeit. Die Verbindung der Persönlichkeit zu dieser Welt bleibt zwar aufrecht, führt aber zu einer Neuinterpretation der Angelegenheiten und Geschehnisse. In diesem Zustand umgreift die Person eine Sichtweise, ein Verstehen, ein Fühlen und Empfinden, wie sie zuvor noch nicht erfahren wurden. Diese transformierte Lebensweise zeigt sich durch neue Formen und Zusammenhänge. Diese neuen Zusammenhänge bilden neue Ketten der Erkenntnisse, die jegliche Art von Interpretation und Erklärung erneuern und für die vorherigen nur ein Lippenkräuseln übrig haben. Sodann werden die vollständig veränderten Ansichten den alten negativen Inhalten am selben Orte keinen Unterschlupf mehr bieten. Die Gedankenketten, die die Wünsche und Begierden nähren und Kummer hervorbringen, werden ebenso transformiert. Und indem man zum Standpunkt der Ruhe, Glückseligkeit und Zufriedenheit überwechselt, beginnt man auf dem Weg der hohen Werte zu dienen.

Ein Grundgedanke ist, dass Freundschaft nur dann erscheint, wenn der Egoismus überwunden wurde. Der Zustand der Zuneigung, der als die Essenz der Freundschaft in der Welt des Herzens entsteht, gibt hiervon Kunde:

„Eröffne das Wesen der Freundschaft,
es zeigt dir sein Antlitz; tauche ins Innere,
schreite voran zum Kern, lass die Haut hinter dir.
Er ist von solcher Art, dass um Ihn
Schicht an Schicht Schleier sind.
Er ist in sich selbst versunken, und
so versinken die zwei Welten in Ihm ebenso.“ Rub t 82

Eines der wichtigen Themen der islamischen Mystik ist die auf den Propheten zurückgehende Aussage: „Stirb, bevor du stirbst.“ Darauf bezieht sich die Idee der ewigen Unsterblichkeit, des Wassers des Lebens:

„Setze deinen Fuß auf die Quelle des Lebenswassers.
Dein Mond dreht sich immerzu, und
wie das Firmament drehst auch du dich.
In diesem Ihn anbetenden Strudel
hast du eine Seele, die sich immerzu dreht.
Bei der Seele und ihrem Drehen,
durch Seinen Anblick dreht sie sich immerzu.“ Rub t 86

„Obgleich dein Weg ohne Ende ist, setze deinen Fuß darauf.
Der in die Weite gehende Blick gehört nicht
zu den Angelegenheiten des Menschen.
Erreiche diesen Weg durch die Lebendigkeit des Herzens;
die Lebendigkeit des Körpers ist die Eigenschaft des Tieres.“
Rub t 87

„Die Einheit der Freundschaft
ist den Freunden angenehm.
Gebrauche den Fuß des geistigen Sinnes,
denn die äußere Form ist störrisch.
Sieh unter der mühsamen Verrottung der sturen Form
die Einheit wie einen vergrabenen Schatz.

Auch wenn du dich nicht abtragen kannst,
so tut es doch Er in Seiner Gnade ...“ M 1:682-84

Die äußere Form, als ein Hindernis, kann nicht zur Unsterblichkeit erhoben werden, da sie das Potential von schwachen und mangelhaften Eigenschaften in sich birgt.

„Solange du die Form anbetest, besteht sie aus zwei.
Wenn du jedoch von der Form befreit bist,
erweist sie sich als eins.
Die Augen, mit denen du auf die Form siehst,
sind zwei an der Zahl;
siehst du jedoch auf das Augenlicht, ist es eins.
Wenn ein Mensch auf das Augenlicht sieht,
kann das Licht der beiden Augen
nicht voneinander unterschieden werden.“ M 1:675-77

„O du Verehrer der Form!
Geh, versuche ihren geistigen Sinn zu erfassen.
Denn dieser Sinn ist der Flügel am Körper der Form.
Lebe mit den geistigen Menschen, sodass du
Gabe und Gunst erlangst und freigiebig wirst.
Aus diesem Grund ist eine Seele ohne geistigen Sinn
wie ein Holzschwert in seinem Schaft.“ M 1:710-12

Es gibt einen Spruch in den Derwischkonventen: „Das Gespräch der *Erenler*[42] ist nicht für den eintretenden Fremden, doch den in Anerkennung Kommenden ist es nicht verwehrt.“ Ebenso sei hier erwähnt, dass die von übersteigerten Bedürfnissen und Gelüsten gereinigten Inhalte der Erenler-Gespräche ein Ort der Begegnung und eine Heimat des Heiles sind. Sie vertreiben Kummer und Sorgen aus den Herzen. Mevlânâ verweist darauf:

42 türkischer Ehrentitel der Derwische, wörtl. Angekommene; die türkische Grammatik unterscheidet nicht zw. maskulin und feminin. Im persischen Original des Gedichtes ist es *sohbat-i mardân*, Gespräch der Gottesmänner; im persischen Sufismus ist es auch für Frauen in Anwendung, im Sinne von „Standhaftigkeit am Weg Gottes.“

„Der lächelnde Granatapfel bringt den Garten zum Lachen.
Das Gespräch der Angekommenen
macht auch dich zu einem von ihnen.
Selbst wenn du ein Steinbrocken oder Marmor bist,
wirst du zum Edelstein in der Gegenwart
eines Meisters des Herzens.
Pflanze die Neigung zu den Reinen tief in deine Seele.
Gestatte dem Herzen keine andere Zuwendung,
als zu jenen, deren Herzen wohlgemut sind.
Zieh aus dem Land der Hoffnungslosigkeit.
Es gibt Hoffnung. Begib dich nicht in die Dunkelheit.
Es gibt Sonnen.
Dein Herz zieht dich in die Straße der Herzensmenschen,
dein Körper in das Gefängnis von Wasser und Schlamm.
Sei achtsam, gib die Herzensnahrung von jemanden
einem mit gleichem Herzen;
Erlerne das Geben von einem Gnadengeber.“ M 1:721-26

Mevlânâ erklärt, dass sich der Weg zum wahren Wissen im Herzen eines Menschen als Akzeptanz Gottes manifestiert und dass sich hierzu das Herzensgespräch mit einem Meister als außerordentlich wichtig und hilfreich erweist. Diese Gespräche werden als Nahrung der Wissenden bezeichnet. Nach sufischem Verständnis ist das Wissen allgegenwärtig und erkennbar. Von diesem Blickwinkel aus ist die Befähigung[43] eine hohe Kraft. Indem alles, was nicht von dieser hohen Kraft ist, aus dem Herzen entfernt wird, kann diese wahrgenommen und gelebt werden.

Gleich wie von Yûnus Emre[44] bezeichnet: „Sag nicht, dass ich in mir bin, denn in mir bin ich nicht - es gibt ein Ich, dass innerlicher ist als mein Ich“, ist dieses im Inneren befindliche Ich ein allgegenwärtiges Wesen, das man jedoch nicht durch eigene Fähigkeiten erkennen kann, sondern das sich von selbst im Herzen eines gläubigen Menschen zu manifestieren beginnt.

---

43 *tasarruf*, ein Stadium der spirituellen Entwicklung, worin einem Menschen Verfügungskraft über die Materie und die Seele gegeben ist; hier: Befähigung der Lebensgestaltung und der individuellen Anwendnung der sufischen Prinzipien; **44** berühmter türkischer Derwisch-Dichter um 1320. Zitat aus seinem berühmten Gedicht *Seni ben severüm candan içeri*.

Um dieses allgegenwärtige Göttliche Wissen und dessen Intuition zu erreichen und diesen nah bleiben zu können, ist es notwendig, die Wohnstatt des Herzens darauf vorzubereiten. Aus diesem Grund müssen die Wünsche den persönlichen Bereich hinter sich lassen und sich dem Ganzen zuwenden. Sie müssen eine Form annehmen, die das Ganze miteinschließt, und eine Schwingung erlangen, die wie ein einziger Körper alle Arten von Materie umfasst. Jegliche Art von negativer Anschauung und Eingebung, welche Verwirrung hervorbringt, wird in der Welt der geklärten Gedanken und Gefühle aufgegeben, und an ihrerstatt greift eine Wahrnehmung und Sichtweise Platz, die mit der Materie in Kooperation steht. Diese neue Form ist die Grundlage von Mevlânâs Denken. Kurz zusammengefasst ist es die verzehrende Liebe, *aşk*, die eine nicht wägbare und kalkulierbare Liebe ist.

„Im Menschen gibt es Liebe[45].
Im Tier gibt es eine geringere Liebe,
die dem Menschen gegenüber mangelhaft ist.“ M 1:2432

Darum gehört die Liebe zu den vorrangigsten Merkmalen der wahren Reife. Die Liebe beinhaltet im Wesentlichen die Toleranz. Wenn man sich entgegen dieser Verfeinerung am Drang zur Kritik, an der Eifersucht und der Destruktivität ausrichtet, wird dieses Feingefühl zerstört. Indem die Zufriedenheit und Genügsamkeit zerrüttet wird, ist auch der Gleichgewichtszustand eines Menschen geschädigt. Dies verhindert die Verwendung von jenen Werten, die in Harmonie mit ihrem Ursprung sind und die das Vergangene mit dem Zukünftigen verbinden.

Dieses Verstehen, das durch Yûnus Emre so trefflich zum Ausdruck gebracht wurde: „In unserem Respekt zum Schöpfer respektieren wir die Schöpfung“, ist ebenso für Mevlânâs Sichtweise von Bedeutung:

„Das Verhalten der Unwissenden ist hart und grob,
an ihnen ist wenig Mitleid, Güte und Liebe.

---

45 *muhabbet* - auch gegenseitige Zuneigung, tiefe Freundschaft wird hiermit bezeichnet.

Liebe und Mitleid sind Eigenschaften des Menschen,
Zorn und Lüsternheit sind Eigenschaften der Tierwelt."

M 1:2435-36

„Die Liebe wandelt das Bittere zum Süßen,
denn sie bringt dem gesamten Universum ihr Licht dar."

M 1:2580

Wenn jemand den Weg zur Liebe geht, bedarf es der Toleranz, guter Taten, eines Miteinanderauskommens und keines übermäßigen Wünschens. Darum muss eine Person, die die Liebe erstrebt, sich so ändern und formen lassen, wie es die Liebe erwünscht.

„ ... darum, o großer Mensch, sind sichtbare Wohltaten
ein Zeugnis für eine verborgene Liebe." M 1:2628

„Lodernd wächst die Liebe im Herzen,
und letztlich ist, wer Liebe im Herzen hat,
von dem Geschaffenen entbunden.
Der Liebende bedarf keiner Erklärung,
denn die Liebe sendet ihr Licht in das gesamte
Universum." M 1:2637-38

Was der Mensch als sein Kriterium des Glaubens und Denkens annimmt, ist der Bereich, nach dem sich seine Vorstellung, Aktivität und Lebenszielsetzung richtet. Für jene, die das Kriterium der Liebe annehmen, hat Mevlânâ eine frohe Botschaft:

„Durch die Liebe wird Bitteres versüßt.
Durch die Liebe wird Kupfer zu Gold.
Durch die Liebe wird bodensätziges,
trübes Wasser rein und klar.

Durch die Liebe findet Leiden Heilung.
Durch die Liebe werden Tote zu Leben erweckt.
Durch die Liebe werden Könige zu Dienern." M 2:1531-33

Wenn dieses menschliche Gefühl Tote zum Leben erweckt, könnte es dann nicht auch die Eigenschaften der Materie beeinflussen und den Körper dem Geist zur Bevollmächtigung überlassen? Aus diesem Grund ist es so, dass, je mehr Menschen diese Liebe konstant leben, desto mehr Evolution und Toleranz wird daraus entstehen. Da die Liebe in jeglicher Zeitperiode existiert, ist die Sichtweise Mevlânâs ebenso zu jeder Zeit gültig. Diesem großen Mystiker wurde durch die Manifestation der Liebe am Höhepunkt seiner existenzgelösten Armut die Bevollmächtigung über die physische Existenz verliehen.

Mevlânâ erwähnt, dass man die Liebe über die Kenntnis ihrer spezifischen Eigenschaften erreichen kann:

„Diese Liebe ist auch das Resultat von Wissen.
Wie kann es sein, dass jemand,
der sich zu sinnlosem Geplapper hinreißen lässt,
auf einem Thron zum Sitzen kommt?
Wie wird mangelhaftes Wissen Liebe hervorbringen?
Mangelhaftes Wissen bringt zwar eine Liebe hervor,
aber diese Liebe ist wie die Farbe eines gewünschten
Objektes in einer leblosen Sache zu sehen,
oder die Stimme des Geliebten in einem Pfiff zu vernehmen."

M 2:1534-36

In Mevlânâs Gedankengut ist ein Wissen über die Vermeidung der „Absonderlichkeiten des Verstandes". Die notwendigen Erklärungen, die daraus entnommen werden können, und seine Erkenntnisse, die das Resultat großer Erfahrungen sind, haben zu jeder Zeit die Gedanken und Ansichten der Menschen beeinflusst.

„Die Qualität des Verstandes liegt darin,
das Resultat einer Handlung zu sehen.
Der Verstand, der das Ergebnis nicht sieht,
ist die Triebseele. Der Verstand, der durch
die Triebseele überwältigt ist,
hat sich in diese selbst verwandelt.
Wenn Jupiter unter dem Einfluss des Saturns
verbleibt, wandelt er sich zum Saturn.“ M 2:1550-51

Wenn der Verstand die Zeit im Schmelztiegel des Lebens überwindet, wird die Liebe möglich. Das Herz, das mit Liebe erfüllt ist, beginnt mit den Eigenschaften der Liebe im Gleichklang zu sein. Mevlânâ gemäß beginnt sich mit dem Auftreten dieser Liebe eine Freude zu manifestieren, in der man ein Wissen erlangt, welches in Harmonie mit jedem Atom die Wirklichkeit und die Essenz erfassen lässt.

„Wir schauen nicht auf die Sprache und die Worte.
Wir schauen auf das Herz und den Zustand.
Wenn das Herz Ergebenheit besitzt, sehen wir darauf,
selbst wenn die Worte minder und undienlich sind!
Denn das Herz ist die Essenz und das gesprochene Wort
die Sekundärerscheinung.
Aus diesem Grund ist die Sekundärerscheinung
entliehen und die Absicht ist die Essenz,
doch ihre Bedeutung ist verborgen.
Aber das Andere ist eine Art von Geschwätz.
Wie lange wird diese Andeuterei andauern?
Wirf sie ins Feuer!
Die Seele liebt es, von einem Feuer erfasst zu sein.
Das Denken entflamme sich kopfüber an diesem Wort!
In jedem Atemzug ist für die Liebenden ein Entflammen.
Von einem zerfallenen Dorf nimmt man keine Steuer.

So jemand fehlerhaft spricht, nenne seinen Fehler nicht.
Wenn er ein blutbedeckter Märtyrer ist,
lass davon ab, ihn zu waschen.
Das Blut der Märtyrer ist gegenüber Wasser im Vorzug.
Dieses fehlerhafte Wort hat ebenso den Vorzug
gegenüber hundert richtigen.
In der Kaabe gibt es kein Anzeichen von Gebetsrichtung,
wen kümmert es, ob der Taucher am Fuß
Wickelgamaschen hat oder nicht!
Geh, suche keine Führung von den Trunkenen.
Sprich nicht über Flicken zu jenen, deren Kleid zerfetzt ist.
Die Scharia der Liebe[46] unterscheidet sich von
allen Religionen. Die Scharia der Liebenden
ist Gott und ihre Konfession ist es ebenso.
Was macht es aus, wenn auf einem Rubin
kein Stempel ist, der ihn als Rubin auszeichnet.
Die Liebe grämt sich nicht im Meer des Kummers."

M 2:1761-73

In der islamischen Mystik muss ein zur Wahrheit reisender Derwisch eine Zeitperiode, die verschiedene Stadien beinhaltet, durchschreiten. Diese wird *seyr ü sülûk,* Reisen und Wandeln, genannt. Sie weist gewisse Besonderheiten auf, worin der Wahrheitsstrebende Materielles und Geistiges als Gegenleistung zu begleichen hat. Ein Sprichwort bekräftigt dies: Der Derwisch erreicht sein Ziel durch Selbsterniedrigung.

„Der Schreiber wäscht und reinigt zuerst
die Schreibtafel, danach schreibt er Buchstaben.
Vorerst füllt Gott das Herz mit Blut,
sodann reinigt er das Mindere und Schlechte
mittels der Tränen und zeichnet danach
die Geheimnisse in das Herz.
Es ist notwendig, diese Absichten zu erkennen

46 *aşk şerîati*

und zu verstehen, dass durch das Waschen eine
Schrifttafel des Verzeichnisses entsteht.
Wenn es Zeit ist, das Fundament eines Hauses
zu legen, wird das alte und vorherige Gebäude
an jener Stelle abgerissen.
Um schlussendlich reines kristallklares Wasser zu
erhalten, wird zuvor vom Grund die Erde entfernt.

Das Kind weint vor dem Schröpfen, da es nichts von
der Arbeit des Arztes wissen kann. Jedoch findet
der Mensch, der dem Schröpfer Geld hierfür gibt,
Gefallen an dessen bluttrinkendem Dolch.
Der Gepäckträger rennt unter seiner Last
und schnappt sich die Last von Anderen.
Sieh, wie die Gepäckträger um die Lasten kämpfen.
Die Arbeit in der Sache des Glaubens ist von dieser Art.
Gleich wie die Behaglichkeit in der Anstrengung
ihren Ursprung hat, geht der Schmerz der Gunst voran.
Der Himmel ist von unangenehmen Dingen umgeben
und die Hölle ist mit Vergnügungen angefüllt.[47]
So wie der nasse Baum der Ursprung des Feuers ist,
so gelangt der im Feuer Brennende
zum himmlischen Fluss *Kevser*.
Der in das Elend des Gefängnisses gefallene Mensch
fiel wegen eines Bissens des Vergnügens auf sein Gesicht.
Wer ein Schloss und Ländereien erlangt hat,
erreichte dieses Wohlergehen, indem er gegenüber
den Schwierigkeiten duldsam war.
Wen auch immer du siehst, der Gold, Silber und
Reichtum ohnegleichen erlangt hat, hat Mühsal durch-
gestanden, um diesen Reichtum zu gewinnen.
Wessen Auge geöffnet ist, sieht diese Reichtümer
ohne Ursache, sondern einzig als Weisheit Gottes.

47 *hadîs kudsî,* außerquranischer Ausspruch Gottes, vom Propheten (Gottes Friede auf ihn) übermittelt. Siehe bei: Muḥyīddīn Ibn 'Arabi, *Divine Sayings, Mishkāt al-anwār, 101 Ḥadīth Qudsī,* Oxford 2004, p. 29. Man vergleiche auch die Sure 94:5-6: „... und mit dem Schweren kommt das Leichte."

Aber da du nun einmal in der Dimension des Gefühles bist,
schenke den Ursachen dein Gehör.
Der Rang, nicht an Begründungen festzuhalten
und nicht auf die Ursachen zu schauen, ist dem eigen,
dessen Geist von der Dimension seiner Natur befreit ist.
Diese Ursache ist wie der Doktor mit dem Kranken
und die Kerze mit dem Docht.
Bereite einen neuen Docht für die Nachtkerze, aber
denke nicht, dass die Sonnenlampe dies notwendig hat.
Geh und bereite mit Lehm und Stroh das Dach für
das Speisehaus, aber erkenne, dass
das Dach des Universums dies nicht benötigt.
Oh, als der Geliebte unseren Kummer brennend vernichtete,
verging sogar die Einsamkeit der Nacht und wurde zum Tag.
Der Mond zeigt nur des Nächtens seinen Liebreiz.
Suche den Liebenden durch nichts anderes als durch
Herzensschmerz.“ M 2:1829-51

Wie wir zuvor gesehen haben, bedarf das Haus des Herzens der Reinigung, da es als Residenz für den Träger der Wahrheit bestimmt ist. Darum muss alles außer der Wahrheit verbrannt und gereinigt werden. Sodenn sind die Mühen und Leiden der Reinigung die Pein des Wahrheitssuchers. Seit der Mensch auf Erden existiert, ist die Wahrheit, die in der Vorstellung immerzu präsent ist, und der Wunsch, sie zu erlangen, das erhabenste Ziel des Menschen. Dies zu erkennen und zu leben, erweist sich als nicht leicht, im Gegenteil: der Weg wird zunehmend steiler. Doch für jene, die beständig mit Geduld das Liebesleid ertragen, gibt es frohe Botschaften und Gratulationen:

„Der Liebende sei das Jahr hindurch trunken;
bloßgestellt und entehrt, verrückt und vernarrt soll er sein.
Während wir nüchtern sind, grämt uns alles;

sind wir jedoch trunken, ist es nicht mehr von Belang.
Wenn das Leben zu Ende geht,
wird Gott ein anderes Leben geben." Rub a 27

„Wenn das vergängliche Leben nicht währt,
so findet sich zu diesem ein unsterbliches Leben.
Die Liebe ist das Wasser des Lebens,
tauche ein darin, denn in jedem Tropfen dieses Meeres
ist eine andere Lebensform." Rub a 31

„ ... Möge ich doch in Flammen stehen,
dass all meine Augenblicke auf dem Weg der Liebe
zu einem Augenblick werden." Rub a 43

„Diese Liebe ist ein König, jedoch sein Banner
wird nicht gesehen; es ist der Qur'ân Gottes,
doch seine *ayets*[48] sind nicht offensichtlich.
Jeder Liebende hat von diesem Schützen
einen Pfeil abbekommen;
obgleich man die Wunde nicht sieht,
trinkt er immerzu ihr Blut." Rub t 46

Da alles, was in Raum und Zeit existiert, bestimmten Regeln unterworfen ist, sind darin natürliche Beschränkungen gelegt. Aber es gibt auch Dinge jenseits dieser Einschränkungen:

„O Seele, o Welt, keine Seele bleibt und keine Welt.
Es gibt kein Zuvor vor dem Zuvor der Liebe.
Außer der Liebe gibt es weder etwas Schönes
noch einen Mundschenk.
Der Liebende umkreist stets die Kaabe des Nichtseins,
von der Kaabe ist er, und nicht von der Umgebung."

Rub t 43

---

48 Qur'ân-Verse, auch Zeichen genannt;

Die Liebenden sind standfest in ihrer Ausrichtung gegenüber der Auslöschung der Existenz und im Erklimmen des Gipfels ihrer Selbstaufopferung. Sie sind eine Gemeinschaft für sich:

„In der Versammlung der Liebenden
gibt es einen andersartigen Ausgleich.
Dieser Liebeswein bringt eine andersartige Schlaftrunkenheit.
Das Wissen, das du in der Schule erhältst, ist eine Sache,
das der Liebe eine völlig andere.“ Rub t 89

Wenn ein Ort für die Liebe gesucht wird, ist es das Herz, das sich hierfür eignet. Dies ist ein Ort, der das Geheimnis des gesamten Daseins umfasst, der die Kenntnisse der Vielheit hat und jegliche Veränderungen darin erfasst:

„Das Liebe lehrende Herz ist dein Schüler;
sei daran geheftet, so wie die Nacht dem Fuß des Tages folgt.
Wohin ich auch gehe, die Liebe ist vor mir,
denn vor dem Brennenden strömt das Öl unaufhörlich.“

Rub t 110

So wollen wir versuchen, den Lehrer des Herzens ein wenig näher kennen zu lernen:

„Demnach ist es solch eine Liebe,
dass sie einen toten Körper zum Leben erweckt.
Warum ist diese Liebe gar so schön,
warum ist sie gar so süß?
Ist sie in unserem Körper oder außerhalb,
oder ist sie im Anblick und der Schau
von Gottes Sonne aus Tebriz?“ Rub t 116

„Die Liebe kam und zerbrach die Reue wie eine Flasche.
Nachdem die Flasche zerbrochen ist, wer kann sie wieder
ganz machen? Wenn etwas zerbrochen ist, ist es wiederum
die Liebe, die wieder ganz macht. Wohin kann man vor
Seinem Zerbrechen und Wiederganzmachen fliehen?"

Rub t 113

„Die Liebe kam und füllte meine Adern und meine Haut
wie Blut; sie leerte mich von mir selbst
und füllte mich an mit dem Freund.
Es breitete sich der Freund
in den Teilen und Hälften meines Körpers aus.
Mir blieb nur ein Name, alles andere ist Er." Rub t 114

Mevlânâ charakterisiert in klarer Weise, dass der Verstand und das Herz, die Liebe, die zwei Extreme einer Dualität sind. Ebenso wird zwischen Wahrem und Falschem unterschieden:

„Der Verstand kam, um die Liebenden zu unterweisen;
er setzte sich auf den Weg und begann ihnen den Weg
abzuschneiden; da er jedoch in den Köpfen der Liebenden
keinen Platz zur Annahme seiner Ratschläge fand,
küsste er ihre Füße, nahm seinen Verstand und ging."

Rub t 118

Alle islamischen Mystiker bestätigen, dass die Liebe der Zustand ist, in dem die Wirklichkeit erfahren werden kann. Von je an war sie ein Thema mystischer Dichtung. In dieser Weise sprach Yûnus Emre, dessen alleiniges Bestreben die Liebe war:

„Deine Liebe entriss mich mir, Dich brauche ich, Dich.
Ich brenne Tag und Nacht, Dich brauche ich, Dich.

Yûnus ist mein Name, Tag für Tag nimmt mein Feuer zu.
Bist mein Ziel in den zwei Welten, Dich brauche ich, Dich."

Nun wollen wir fortfahren, über die Liebe zu hören, die auch für Mevlânâ Ziel und Streben war.

„Von der Liebe ist unsere Liebe,
die Liebe ist Befreiung und die Seele ist wie Khidr[49],
und die Liebe wie das Wasser des Lebens.
Ach für den, der keine Freistellung vom Sultan hat.
Was kann denn das Tier über die Zuckermine wissen?"

Rub t 138

Für die Menschen der Liebe ist das Vorhandensein der Freude eine Hinzugabe der Liebe, die ihnen von ihr gewährt wird, und dies reicht weit über die überlieferte Wissenschaft hinaus. Die Liebe wurde in vieler Weise beschrieben und war der Gegenstand unterschiedlichster Gleichnisse:

„Ich bin trunken von solch einem Wein,
dass der Zierrand des Weinglases die Liebe ist.
Ich bin auf solch ein Pferd gestiegen, dass der Zügel
die Liebe ist. Ebenso ist es gar großartig in Liebe mit
meinem Mondgleichen[50] zu sein, aber ich bin ein
Diener und Sklave dieses Herrn, der selbst die Liebe
zum Diener und Sklaven gemacht hat."

Rub t 105

„Diese reine Liebe ritt durch die Ebene,
mein Herz sah und erkannte sie an ihrer Pracht.
Mein Herz sprach zu sich selbst:
wenn ich von der Form befreit bin,
werde ich in das Spiel mit der Liebe eintreten." Rub t 183

---

49 mystischer unsterblicher Führer, der vollkommenes Wissen erlangt hat, da er vom Wasser des Lebens getrunken hat; vgl. Q 18:60–82; **50** *ay yüzlü* wörtl. Mondgesichtige;

„Mit der Liebe baren Hauptes und barfüßig
zu spielen, ist gar angenehm.
Sich selbst durch herzzerreißende Weisen und Klagen
zu verlieren, ist gar angenehm.
O Musikant, schlag die Trommel und blas die Flöte
bis zum frühen Morgen.
Den ganzen Tag über in dieser Weise zu spielen
und zu singen, ist gar angenehm.“ Rub t 228

„Mühe dich um die Liebe,
denn für die Essenz der Seele
ist die Liebe die Voraussetzung.
Bis zum Ende der unermesslichen Zeit
such, was ganz und gar dein ist.
Sprich nicht über das, was deiner Seele Kummer bereitet.
Selbst wenn du Brot und Verpflegung hast,
erachte es als unerlaubt[51] für dich.“ Rub t 229

„Der Trunkene auf dem Weg der Liebe
hat kein Strafverfahren, denn seinen Charakter
und seine Gepflogenheit versteht nur er selbst.
Der Liebende gibt auf die *fetwâ*[52] keine Antwort;
diese Angelegenheit ist eine Sache des Nichts
und nicht der Existenz.“ Rub t 275

„Deine Liebe ritt mit einem Pferd um einen Punkt herum.
Mein armes Herz sah und erkannte sie an ihrem Merkmal.
An dem Tag, wenn mein Herz von den Banden
der Existenz befreit ist, wird es mit der Liebe spielend
in die Welt des Nichtseins eintreten.“

Rub t 279

---

51 *harâm*; **52** religionsrechtlicher Gelehrtenbeschluss;

Wenn die Merkmale der Liebe, wie von Mevlânâ beschrieben, sorgsam überprüft werden, zeigt es sich, dass die Liebe das Ziel und die essentielle Bedeutung des Lebens ist:

„Das Lieben ist schön, es ist für euch eine Wohltat.
Eure Liebe ruft mit eloquenten Worten in dieser Weise:
Die Liebe wird nicht vor dem Liebe Ersehnenden
zurückgehalten, genau so, wie wenn
eine charmante Schönheit von jemandem geliebt wird,
und dieser nicht davon abgehalten wird, sie zu lieben."

Rub h 4

„Im Lebenswasser des Geliebten blieb keiner krank.
In des Freundes Vereinigung blieb nicht einmal
ein Dorn am Rosenspross.
Man sagt, dass es ein Fenster von Herz zu Herz gibt –
aber gibt es da Platz für ein Fenster?
Nicht einmal eine Wand blieb hier übrig." Rub d 2

„O Liebe, sowohl die Elfen[53] wie auch die Menschen
kennen dich, auch das Siegel Salomons kennen sie;
aber dich kennen sie besser und vom Näherkennen
wissen sie, dass du die Seele des Weltenkörpers bist.
Ich bin mit dir in solch einem Zustand und Erleben,
dass einzig die Vögel hiervon wissen." Rub d 20

„O Liebe, die Seelen sind ein Zeichen deiner Seele.
O Liebe, das Süß-Salzige ist von deinem Salz.
O Liebe, alles Gold ist von deiner Mine.
Wohlgekleidet ist nur Einer, alle Anderen
sind durch deine Entkleidung entblößt." Rub d 21

---

53 *perî;*

„O Wasser des Lebens, wer auch immer
deinen kühlenden Trank der Liebesfreude[54] gekostet hat,
dem wurde Leben zu seinem Leben gegeben.
Der Tod kam, roch an mir und nahm Deinen Duft wahr,
von diesem Tag an hat der Tod seine Hoffnung
auf mich begraben.“ Rub d 22

„O Liebe, von welcher Art bist du, dass alles dein ist?
Alles bist du, die Menge ist durch dich völlig verwirrt.
All das Gold ist von deiner Mine.
Du bist die Mutter und das ganze Volk sind deine Kinder.“
Rub d 23

„O Liebe, für mich bist du der Qur'ân-Vers:
‚Wahrlich, meine Bestrafung ist sehr hart.‘ [55]
Wer mit dir in Liebe ist, wird durch dein Schwert
zu einem Märtyrer und vergeht.
Es wurde Nacht und alles Volk fiel in Schlaf;
wo ist mein Schlaf, oder hat ihn der Wolf
in Stücke gerissen?“ Rub d 25

„Sie begannen im Heer der Liebe mit dem Blutvergießen
und schärfen die Schwerter in unseren Körperteilen.
Ich bin in diesem meergleichen Herzen versunken
und vergehe; so sagt meinen Freunden,
sie mögen nun achtsam sein.“ Rub d 37

„Die Treue soll der Gefährte deiner Liebe sein.
Eine Mutmaßung ist es, Dich zu treffen, und doch
sollte man zu dem Zustand der Vertrautheit gelangen.
Nicht schlecht ist der Dienst der Anbetung
für dieses verwundete Herz –
doch auch darin soll es sich noch bessern.“ Rub d 366

---

54 *sevdâ şerbeti*; **55** Q 14:7;

„In deiner Liebe versank der gebildete Verstand in Schlaf,
er tauchte in das Feuer des Sehnens unter
und schlief doch innerlich.
Ist es erstaunlich, wenn ich ohne Augen und Herz schlafe?
Denn meine zwei Augen sind zu Blut geworden –
wie kann Blut schlafen?" Rub d 367

„Unter den Leuten wird ein Verrückter offensichtlich
erkannt, denn er bestieg das Pferd des Liebestaumels[56].
Eigentlich ist der verrückt, der Ihn nicht kennt.
Von unserem Standpunkt aus ist derjenige verrückt,
der Ihn kennt." Rub d 375

Im *sülûk*, der geistigen Reifung, muss der *sâlik*, der Wandelnde, eine Phase durchleben, die als das Tal des Erstaunens und die Stadt der Verrücktheit bezeichnet wird. In dieser Phase bewirken die wahrgenommenen Eigenschaften und ihre Merkmale eine Auflösung der Gegensätze. Dies wird von einem völligen Erstaunen und Verwundern, welches über die herkömmliche menschliche Wahrnehmung hinausgeht, begleitet. In diesem Zustand ist eine vertrauensvolle Haltung, welche frei von Einschränkungen ist, offensichtlich:

„An jenem Tag, wenn mich Deine Liebe verrückt macht,
werde ich solch verrückte Dinge tun,
dass weder Riesen noch Elfen dies zu tun vermögen.
Die Zeichnung Seiner Schreibfeder
bewirkt solch Dinge in meinem Herzen,
dass die Federspitze im Schreiben der Regierung
dies nicht zu vollbringen vermag." Rub d 378

„Um ein Liebender zu sein, geh und trink den Wein, oder
zerreiß den Schleier des Intellekts und der Befangenheit.

---

56 *sevdâ*;

Und ich, warum sollte ich Wein trinken?
Selbst wenn ich tränke, bliebe kein Verstand in meinem Kopf,
den der Wein hinweg nehmen könnte.“ Rub d 390

Die Liebe vertreibt aus dem Herzen jede Art von Besorgnis, Traurigkeit, Einflüsterung und Fragen des „Warum“ und „Wie“. Ihr Vorhandensein bringt dem Herzen ein Wissen über die Wahrheit, wie auch eine besondere Art des Lebens, der Fröhlichkeit und Freude:

„ ... Die Liebe ist es, die dem Volk die Fröhlichkeit verleiht,
die Liebe ist es, die der Fröhlichkeit die frohe Botschaft bringt.“

Rub d 391

„Ohne Liebe gibt es keine Freude und kein Vergnügen.
Ein Geschöpf ohne Liebe kann sich weder verschönern,
noch sich in einen harmonischen angenehmen Zustand
versetzen. Auch wenn Hunderte von Tropfen von der
Wolke ins Meer fallen, wäre nicht das Spiel der Liebe,
könnte die verborgene Perle nicht zum Vorschein kommen.“

Rub d 136

Wenn sich die Liebe im Herzen verankert, führt sie gemäß Mevlânâ zu einem bewussten Leben. Sie gibt diesem einen Sinn und erschließt damit ein tiefgehendes Wissen. Gleichzeitig bewirken die Manifestationen im Herzen einen reinigenden kristallklaren Zustand. Alte Gefühlsstimmungen, Geisteshaltungen und deren Verständnis, die wiederum durch Dinge bestimmt werden, nach denen sich eine Person ausrichtet, werden durch die Einwirkung der Liebe vollständig aus ihrem Zentrum gehoben. An ihrer Stelle tritt durch die Bestimmung[57] der Liebe und der Nähe zu jenen Menschen, die Herzensqualität entwickelt haben, eine auf Intuition beruhende Fähigkeit zu Tage. Diese bewirkt einen Zustand, der sich durch eine Offenheit gegenüber neuen Formen und Manifestationen auszeichnet.

---

57 *mutasarrıf;*

„Als Deine Liebe in meinem Herzen aufleuchtete,
verbrannte alles außer Deiner Liebe und verging.
Das Herz verließ den Verstand und die Lehrstunde;
es ließ das Buch im Regal und lernte Gedichte,
Gasele und *rubâ'is*.“ Rub d 139

„Die Liebe existiert seit Ewigkeiten
und dauert Ewigkeiten fort.
Die nach ihr Suchenden und Flehenden
mehren sich zusehends.
Morgen am jüngsten Tag werden jene,
die offenkund keine Liebenden sind,
von der Anbetung Gottes entfernt werden.“ Rub d 210

„Die Liebe ist angenehm,
da Schwierigkeiten von ihr kommen.
Und wer Schwierigkeiten meidet, ist kein Liebender.
In der Liebe ist der ein Mann,
der nicht über seine Seele nachdenkt,
da die Liebe der Seele genügt.“ Rub d 211

Das Leben in der Welt ist durchwoben von Notwendigkeiten. Die Elemente, von denen aus diese Notwendigkeiten organisiert sind, enthalten negative Charakteristiken des Menschen, wie Begierde, Habsucht, Eigensinn, Eifersucht und Neid. Mevlânâ ist der Ansicht, dass die Welt ihren Einfluss verlieren wird, wenn eine Person von diesen Eigenschaften ablässt. Das Leben wird jedoch in einer anderen Form weitergehen:

„Herz, wenn du von der Liebe abfällst,
Gott bewahre, dass dies geschehen kann,
kehre zurück und sieh auf die Welt:
Welche Spezies, außer dem Wesen der Liebe,

wird geschaut und gesehen werden?
Am Todestag wird das Ich, das von der Liebe abfiel,
dem von der Seele aus schauenden Auge überdrüssig sein."
Rub d 350

„Für die Liebe sind nicht tausend Seelen und Herzen genug.
Ja, ist dieser Ort für die Seele geeignet?
Gar niemand kann das Wort der Seele aussprechen.
Diesen Weg kann ein Mensch nur dann gehen, wenn
er bei jedem Schritt Hunderte Seelen gibt und geradeaus
voranschreitet und sich nicht umwendet." Rub d 364

„O Liebe, du bist angenehm, und wie angenehm
bist Du? Angenehmer als angenehm.
Wirf mich ins Feuer, Feuer ist noch angenehmer.
Alle sechs Richtungen[58] werden durch die Liebe
zu einem Nadelöhr, doch in allem zusammen ist es noch
angenehmer, den sechs Richtungen zu entsteigen." Rub r 2

„Auf Gottes Geheiß ordnete der Prophet dies an:
Lass dich an keinem Ort nieder, als in den Reihen der
Liebenden, ansonsten ziehe vorüber. ..." Rub r 14

„Schreite voran, reite deine Liebe kräftig zu, fürchte dich nicht.
Lies den Pfeil des Qur'âns, den *ayet* Gottes: ‚Fürchte dich nicht.'
Denn wenn du an dir selbst und an den anderen vorüber
gezogen bist, wirst du nur mehr dein eigener Geliebter sein;
wisse dies wohl und fürchte dich nicht." Rub s 7

„Da du kein Liebender bist, häkle die Wolle,
spinne den Faden; du hast hundert Arbeiten, du bist
in hundert Farben bemalt, du hast hundert Künste,

---

58 Die vier Himmelsrichtungen, sowie oben und unten, sind Ausdruck für die physische Dimension.

hundert Veranlagungen. Da in deinem Schädel kein
Liebeswein ist, geh und leck die Schale in der Küche
der Reichen." Rub s 10

Wie Mevlânâ ein Tor der Hoffnung für den Menschen, dessen Welt mit jeglicher Art von Pessimismus und Kummer angefüllt ist, öffnet, ist es ebenso sein Bemühen, ihn zum Glück und der tiefen Liebe auf der anderen Seite des Tores hinzuführen. Mevlânâ sieht die Liebe sowohl als Ziel wie auch als Heilmittel:

„Liebe, komm und gib denen, die schlechte
Angewohnheiten haben, eine Gewohnheit von dir.
O Stütze der Welt, zeige
dem Schönheitssuchenden dein Angesicht.
Was verliert der Garten der Schönheit,
wenn du ein, zwei Happen von den Pfirsichen verdrückst,
die ja den Äpfeln gar so ähnlich sind?" Rub ş 16

„Der Liebende wirbelt und wandelt
rund um den Ort, wo die Spuren
des auf- und abgebauten Zeltes seines Geliebten sind,
dort wo der Geliebte sich niederließ und wieder aufbrach.
Der äußerliche Mensch stürzt sich aufs Brot,
der Liebende läuft zu den Wassern.
Dieser dürstet, aber jener verfiel den Hungersorgen."

Rub '(*ayn*) 3

„Diese Liebe ist Reife, ist Reife, Reife.
Diese Triebseele ist Traumbild, ist Traumbild, Traumbild.
Dies ist das Licht der erhabenen Größe, ist das Licht
der erhabenen Größe, das Licht der erhabenen Größe.
Heute ist der Tag der Zusammenkunft, es ist der Tag
der Zusammenkunft, der Tag der Zusammenkunft." Rub l 4

„Da es meinem Herzen nicht möglich ist,
Deiner Liebe abzulassen, ist es besser,
mein Herz Deinem Belieben zu überlassen.
Was soll ich mit meinem Herzen tun, nachdem ich es dem
Liebeskummer übergeben habe, für was ist es geeignet?
Warum sollte ich es für mich behalten?" Rub I 22

Mevlânâ, der Geliebte der Wissenden, hat Millionen Menschen durch seine Gedanken und Empfehlungen beeinflusst und brachte sie in die Sicherheit und Glückseligkeit des Palastes der Wahrheit und Liebe. Er beschenkte die Menschenwelt mit herzbelebenden Formeln des Lebens, die zu jeder Zeit ihre Nützlichkeit erwiesen haben.

Innerhalb der Lebensumstände verhalten sich die Menschen entsprechend der Vorgaben und Werte, die ihre Umwelt als Beibehaltung eines besseren Leben versteht. Aber aus diesem Grund können sie den Urteilen, Geboten und Kenntnissen des Urhebers der Gesetze, Der jenseits der erscheinenden Gesetze ist, nicht sehr nahe kommen. Eine Ausnahme hiervon sind jene, die das Objekt des liebenden Blickes eines Wissenden sind. Dieser Blick des Wissenden ist der Keimling ihrer Liebe. Wie zuvor schon erwähnt, geht das Erscheinen dieser Manifestation weit über das Lebenskonzept einer Person hinaus und ragt in dessen Zukunft hinein. Solch eine Person erfährt eine unwiderstehliche Anziehungskraft, die aus ihrer gesamten Existenz und ihrem Wissen hervorgeht. Unter der umsichtigen Aufsicht eines Weisen leert sich ihre Existenz und ihr Wissen wie eine Schale. Sodenn organisiert der Weise wiederum das Wissen dieser Person in die Richtung des „Bei Gott Verweilens", das durch sein Erscheinen kurzerhand als *bekabillâh*-Zustand bezeichnet wird. Mit den Eigenschaften Gottes und deren Anwendung beginnt sie die Reise in der materiellen Existenz zu lenken. Der Reisende lebt somit zusehends nach dem klar erworbenen Wissen, welches die Quintessenz der Wahrheit ist, und verpflichtet sich, die Gebote Gottes in seinem Leben anzuwenden. Der Weise, der dem Wahrheitssucher das

Geleit gibt, erwartet sich im Eigentlichen nur eines von ihm, dass sich dieser von den Banden der Selbstsucht befreit.

„Ich habe die Krone der Selbstsucht abgenommen
und sie zu Boden geworfen, sodann umwandte
ich mich mit dem Gürtel des Dienstes an Dir.
Ich weinte viel, und die Trennung lachte und blieb.
Von nun an, lasst uns lachen und sie weinen –
die Zeit hierzu ist gekommen.“ Rub m 49

Mevlânâ sagt, dass sich die Sonne, der Mond und die Sterne vor jenen in Ehrehrbietung verbeugen, die sich von der Selbstsucht befreit haben. Hiervon eröffnet sich dieser Weg durch die Allmacht Gottes jenen, die sich ganz der Liebe zuwenden und sich von überflüssigem Beiwerk loslösen:

„Als ich das erste Mal das Wort vernahm,
ein Liebender zu sein, legte ich meine Seele,
mein Herz und meine Ansicht auf Deinen Weg nieder.
Sodann sprach ich: Der Geliebte und der Liebende,
sind sie zwei? Beide sind eins, nur habe ich zuvor geschielt.“

Rub m 201

„Meine Seele mehrt sich durch die Liebe,
versunken in eine Leidenschaft, die schöner als diese ist.
In der Stadt meines Körpers reisen jeden Tag
unbekümmerte Schönheiten von einem Ort zum anderen;
es sind Müßiggänger, die sich nicht ablenken lassen.“

Rub y 68

Teil 2

Mevlânâ kombinierte seine eigene Erfahrung und sein grundlegendes Verständnis mit dem der anderen Meister äußeren und inneren Wissens, miteingeschlossen dem des Şemseddîn-i Tebriz, der ihm die Herzensaugen geöffnet hatte. Die resultierende Synthese wurde im *Mesnevî* in Form von Geschichten und Empfehlungen weitergegeben.

Das *Mesnevî* beschreibt kulturelle und sozialökonomische Sichtweisen der Zeitepoche Mevlânâs. Jedoch sind diese nur wegen ihrer belehrenden Eigenschaften vermerkt. Das *Mesnevî* beinhaltet mit den erleuchtenden und überzeugenden Formeln, die sich auf jegliche Angelegenheit beziehen, Lösungen für mystische Probleme und dies in einer Art und Weise, die sich innerhalb der Grenzen der logischen Begründung zu bewegen vermag.

Um Gott zu verstehen, hat, der islamischen Mystik gemäß, der Qur'ân sowohl eine äußere wie auch eine innere Bedeutung. Das Tor der Interpretation hierzu kann durch einen Zustand der Wahrhaftigkeit geöffnet werden, welcher durch kontemplatives Denken[59] ermöglicht wird. Mevlânâ hat in seinem *Mesnevî* für dieses sehr weite und verantwortungsvolle Thema in sehr geschickter Weise einige Gleichnisse eingearbeitet.

In diesem Abschnitt unseres Buches werden wir die von Mevlânâ behandelten Themen studieren und weiterhin fortfahren, die Gedanken dieses erhabenen Wesens unter den Gottgeliebten zu erklären, davon zu berichten und uns damit vertraut zu machen.

> „Im *hadîs*[60] wird gesagt, dass Gott in Seiner unermesslichen
> Größe das Volk in drei Gruppen erschaffen hat.
> Eine Gruppe besteht zur Gänze aus Vernunft,
> Wissen und Freigiebigkeit. Dies sind die Engel.
> Sie kennen nichts außer der Niederwerfung!
> In ihrer Natur ist keine Begierde und keine Leidenschaft.

---

59 *tefekkür*; **60** Aussprüche und Taten des Propheten Muhammed (Gottes Friede auf ihn);

Sie sind absolutes Licht.
Sie sind durch Gottes Liebe erschaffen worden.
Eine Gruppe ist ohne Wissen;
wie ein Tier grasen sie und mästen sich.
Sie sehen nichts, außer dem Stall und das Gras.
Sie sind sich der Schlechtigkeit nicht bewusst,
ebenso nicht der Größe und Güte.
Die dritte Gruppe sind die Menschen, die Söhne Adams.
Durch ihre Erschaffung sind sie halb Engel und halb Esel.
Ihre Eselshälfte neigt sich dem Minderwertigen zu
und ihre andere Hälfte der Vernunft.
Die ersten beiden Gruppen begreifen nicht Krieg und Kampf.
In ihnen ist Ruhe und Behaglichkeit.
Aber die Gruppe, die die Menschheit ausmacht:
in ihnen ist Widerspruch und Qual.
Die Menschheit ist durch Prüfung ebenso in drei Gruppen
unterteilt. Alle sind zwar von menschlicher Gestalt,
aber es sind drei Arten: eine Art hiervon ist selbstverloren
in Gott, dem absoluten Sein, versunken.
Gleich Jesus haben sie sich den Engeln angeschlossen.
Von der äußeren Erscheinung her sind sie Menschen,
aber in Wahrheit sind sie der Erzengel Gabriel.
Sie sind von Wut, Leidenschaft, Lust und Geschwätzigkeit
befreit worden. Auch erhielten sie Befreiung von
asketischen Bemühungen[61], Äußerlichkeiten und Krieg.
Es ist, als wären sie nicht als Menschenwesen geboren.
Die zweite Gruppe besteht aus jenen,
die sich zu den Eseln gesellt haben.
Sie sind zum Zorn selbst geworden.
Von Kopf bis Fuß sind sie in Lüsternheit erstarrt.
An ihnen ist die Eigenschaft des Gabrielseins,
der Engelschaft, verloren gegangen.
Denn dieses Haus war eng und diese Eigenschaft war groß,

61 *riyâzet*;

sie fand keinen Raum und ging von dannen.
Ein Mensch, der Seele beraubt, vergeht.
Der, in dessen Seele sich nicht jene Eigenschaft vorfindet,
wird zum Esel. Denn die Seele, die nicht diese
Eigenschaft in sich trägt, ist minder und gewöhnlich.
Diese Worte des Sufi sind richtig!
Der Mensch ist in größerem Todeskampf als die Tiere.
In dieser Dimension bemüht er sich um feinsinnige Dinge.
Die üblen Tricks und Teufeleien, die er strickt,
können von keinem anderen Tier herrühren.
Er webt goldbestickte Kleider,
er entnimmt Perlen aus den Meerestiefen.
Er kennt die feinsten Punkte der Geometrie
und verschafft sich sogar Wissen über
Astronomie, Medizin und Philosophie.
Aber er steht nur mit dieser Welt in Verbindung,
zum Aufstieg in den siebten Himmel hat er keinen Zugang.
Sein ganzes Wissen ist zum Scheunenbau geeignet.
Die Scheune ist zur Erhaltung von Ochsen und Kamelen.
Dieses Wissen, das zum Überleben der Tiere
für einige Tage ausreicht, nannten diese Dummköpfe
Symbole und feinsinnige Dinge.
Einzig der Meister des Herzens[62] oder das Herz des
Meisters des Herzens kennt den Gottesweg und das
Wissen um die Residenz Gottes.
Sodenn schuf Gott den Menschen mit der Zusammen-
setzung eines feinsinnigen Tieres und gab ihm Wissen
als Gefährten. Er nannte diese Gruppe den Tieren gleich,
denn in welcher Beziehung steht Wachheit zum Schlaf?
In der Geistseele[63] des Tieres findet man nur Schlaf.
Bei Menschen dieser Art existieren gegensätzliche Gefühle.
Aber wenn die Wachheit gekommen ist, verbleibt kein
Schlaf des Tieres, und die Spiegelung der Gefühle wird

---

62 *gönül sâhibi,* wörtl: Besitzer eines Herzens; **63** *rûh;*

auf der Tafel gelesen und verstanden. Gleich wie
in der Zeit des Erwachens eines Eingeschlafenen werden
die Spiegelungen der im Traum geschauten Dinge gesehen.
Kurz gesagt: die niedere Person ist vom niederen Universum.
Lass ab von ihr und sprich: Ich liebe nicht, was darniedergeht.[64]
Da die Person mit dem Tiergeist, die Fähigkeit hatte,
ihr Verhalten zu ändern und mit der Triebseele in Krieg
zu treten und frei von den Niederträchtigkeiten zu werden,
aber diese Fähigkeit nicht nutzte, verlor sie diese Eigenschaft.
Das Tier jedoch, dass diese Fähigkeit nicht aufweist,
ist offensichtlich durch seine tierische Natur
von jeglicher Schuld enthoben. Wenn ein Mensch
diese richtungsweisende Fähigkeit verliert,
mehrt jegliche Nahrung, die er zu sich nimmt, sein Eselshirn.
Cashewnüsse, die zur Mehrung des Verstandes
verabreicht werden, wirken bei ihm wie Opium,
herzerkrankend und Verstand verringernd.
Eine Gruppe von Menschen ist im Kampf. Halb Tier und
halb Mensch halten sie nach dem rechten Weg Ausschau.
Tag und Nacht stehen sie im Kampf. Ihre Menschseite
steht mit der Tierseite im ständigen Kampf."

M 4:1497-1532

Im *Mesnevî* gibt es eine Geschichte über Mecnûn und seine Kamelin. Im Bestreben, Leylâ zu erreichen, möchte Mecnûn zügig voranreiten, die Kamelin jedoch möchte zu ihrem Jungen zurückkehren. Folglich sind beide in Liebe, aber ihre Lieben sind entgegengesetzt. Die Geschichte fährt fort, indem Mecnûn spricht:

„O Kamel, deine Liebe wie auch dein Halfter
sind nicht im Einklang mit mir.
Es ist notwendig, sich von dir zu trennen.
Diese zwei Freunde lauern sich unterwegs gegenseitig auf.

---

64 Q 6:76;

Die Seele, die nicht vom Körper absteigt, geht in die Irre.
Auch deine Seele fiel durch die Trennung vom Gottesthron
in die Armut, und mit der Liebe zum Dornengestrüpp
wurde dein Körper zum Kamel!
Die Seele schwingt sich auf zu den höchsten Höhen,
und der Körper krallt sich mit den Fingernägeln in die Erde.
O Kamel, das durch Heimweh stirbt, so lange du
bei mir bist, ist meine Seele von Leylâ weit getrennt.
Gleich dem Volksstamm Moses, der für Jahre der Wüste
ausgesetzt war, fiel ich nur durch dich in dieselbe Lage.
Mein Leben ging vorüber! Um die Einheit zu erreichen,
besteht der Weg aus zwei Schritten. Jedoch durch deine
Tücke bin ich für sechzig Jahre auf diesem Weg der zwei
Schritte aufgehalten! Der Weg ist kurz, aber ich bin gehemmt.
Ich bin durch dieses Reiten völlig ermüdet."

M 4:1543-1550

Nachdem Mecnûn diese Worte gesprochen hat, wirft er sich vom Kamel ab. Mevlânâ kommentiert:

„Diese weit reichende Ebene wurde ihm zur Enge,
und er warf sich in solch einer Weise auf den steinigen Grund,
dass sein kräftiger Körper zerschlagen wurde
und er sich ein Bein dadurch brach.
Während er seinen Fuß bandagierte, sprach er:
‚So bin ich ein Ball, falle vor Seinen Schlagstock,
und bleibe im Rollen ...'
Darum hat der redegewandte Weise[65] den Reiter,
der nicht vom Körper absteigt, verwünscht.
Kann es sein, dass die Gottesliebe geringer ist,
als die zu Leylâ? Zweifellos ist es angebrachter
und korrekter für ihn, zum Ball zu werden.
So sei ein Ball und leg dich zur Rechtmäßigkeit,

65 Hakîm Sanâ'i (1118-1150), berühmter Sufidichter aus Horâsân, der das große *Mesnevî Hadîkatu l-hakîkat* verfasst hat. Es war ein Vorbild für Mevlânâs Dichtung.

werde rollend durch den Schlagstock der Liebe!
Denn auf dieser Reise wirkt die Anziehung Gottes erst,
nachdem man aus dem Sattel gestiegen ist.
In der Tat bewegten wir uns zuvor mittels des Kamels.
Diese Art des Gehens ist von den anderen Gangarten
grundsätzlich verschieden. Diese Gangart ist sowohl
den Dschinns wie auch den Menschen unmöglich.
Dieses anziehende Gehen hat nichts Gewöhnliches,
es ist durch die Gunst Ahmeds hervorgegangen,
und somit gute Reise!" M 4:1552-1561

An der vorigen Geschichte Mevlânâs und ähnlichen anderen führt er uns den Wert der Gottesliebe vor Augen. Mecnûns Abwurf seiner körperlichen Existenz ist eine Befreiung von der menschlichen Gebundenheit. Zugleich ist es ein Eintreten in die grenzenlose Welt der Liebe, die durch die Gunst des heiligen Propheten zur Wahrheit wird. Diese Wahrheit wird in Form einer Bedeutungsabfolge aufgereiht und wird vor jenen, die sich diese Sichtweise angeeignet haben, ausgebreitet.

Wiederum wird in demselben Band in einer anderen Erzählung eine Gegenüberstellung zwischen der „körperlichen Ummantelung" und der inneren Welt gemacht. Hieraus können einige Schlüsse gezogen werden:

„Aber glaube nicht, dass es leicht ist,
den Briefumschlag des Körpers zu öffnen.
Sonst wäre für jeden das Herzensgeheimnis offenkund.
Wie schwierig ist es doch, diesen Umschlag zu öffnen;
das ist eine Angelegenheit der Angekommenen
und nicht der Kinder!
Wir alle waren von der Inhaltsangabe überzeugt
und verblieben dort, weil wir mit der Sinnenlust,
der Leidenschaft und der Begierde vereint waren.
Jedoch ist diese Inhaltsangabe eine Falle für das Volk,

sodass es auf das Verzeichnis blickt und
den inhaltlichen Text als dem gleich vermutet.
Öffne diesen Briefumschlag, wende dich nicht ab
von diesem Wort. Und Gott weiß es besser.
Die Inhaltsangabe auf diesem Briefumschlag gleicht
dem Zungenbekenntnis. Aber hierdurch verflüchtigt sich
der Text des Herzensbriefes.
Schau, ob sie mit deiner Konfession übereinstimmt oder nicht.
Achte darauf, dass deine Arbeit sich nicht in die Arbeit
eines Heuchlers verwandelt.
So du einen schweren Sack schulterst und trägst,
wird er dadurch nicht leichter, dass du nach außen siehst.
Vor allem sieh nach innen. Sieh das Bittere und das Süße
in dem Sack, und dann trage ihn, wenn er es wert ist.
Ansonsten leere deinen Sack von diesen Steinen.
Entleere dich von dieser Unsinnsarbeit,
von dieser Bürde, die dir eine Schande ist.
Fülle den Sack mit Dingen, die zu Regenten und Sultanen,
die verstehen können, gebracht werden können."

M 4:1567-77

„So wie das Fett im Ayran[66]verborgen ist, versteckt
sich die Lüge in der Essenz der Rechtschaffenheit.
Deine Lüge ist dieses vergängliche Fleisch, und deine
Rechtschaffenheit ist deine Seele, die zu Gott gehört.
Seit Jahren ist dieser Ayran des Fleisches im Offenen,
und das Fett der Seele ist verdorben und wertlos geworden.
Schließlich sendet Gott einen Bevollmächtigten,
der den Ayran in das Butterfass gießt und ihn so einbuttert,
dass dieser zu singen vermag:
‚In meinem Ich verbirgt sich ein Ich.'
Er buttert diesen mit viel Geschick ein.
Oder Er manifestiert das Wort eines Dieners,
so als wäre es Teil von Ihm selbst, und erreicht

66 Joghurtgetränk;

das Ohr dessen, der nach heiliger Eingebung sucht.
Das Ohr des Gläubigen begreift es und prägt es sich ein.
Solch ein Ohr ist ein Kamerad,
wie die Gemahlin eines zur Wahrheit Einladenden.
Geradezu gleicht es dem Ohr eines Kindes:
so wie es mit den Worten der Mutter einschlummert,
beginnt es auch mit diesen Worten zu sprechen.
Wenn das Kind nicht ein verstehendes Ohr hätte,
könnte es die Worte der Mutter nicht hören,
und wäre zudem auch ohne Sprache.
Darum ist der taub Geborene auf immer ohne Sprache.
Die sprechende Person muss aus diesem Grunde das Wort
zuerst gehört haben. Vielleicht ist das taube und sprachlose
Ohr das Gebrechen unter den Gebrechen.
Welches gesprochene und gehörte Wort taugt hierzu,
und welches eignet sich hierbei zum Einprägen?
Wer spricht, ohne dies gelernt zu haben, ist Gott,
denn Seine Eigenschaften unterscheiden sich
von den Ursächlichkeiten.
Oder dem gleich wie Adam, der ohne den Schleier
einer Mutter oder eines Kindermädchens
das von Gott Vorgesprochene ausspricht.
Oder auch wie der von Gott unterrichtete Messias,
der im Augenblick seiner Geburt gesprochen hat.
Er fand zur Sprache, um den Verdacht des Ehebruchs und
der Verderbtheit bezüglich seiner Geburt abzuweisen
und zu klären, dass er nicht das Kind eines Ehebruchs ist.
Es bedarf einer Handlung in der Arbeit, um im Herzen
den Ayran vom Fett zu trennen.
Als wäre kein Fett im Ayran enthalten, hisste der Ayran
sein Banner in der Welt des Daseins.
Das, was an dir existent zu sein scheint, besteht aus Haut.
Aber ist das, was du erschaust, etwa nichts?

Eigentlich ist dies das Existenzielle.
Wenn dein Ayran weder verfettet noch verdorben ist,
verbrauche ihn bloß nicht, bevor du ihn zum Fettschlagen
hervorholst. Fasse ihn wissentlich mit beiden Händen und
wende und drehe ihn, bis das in ihm Verborgene
zum Vorschein kommt.
Denn diese Vergänglichkeit ist ein Hinweis auf das
Immerwährende. Gerade so, wie das Flehen des
Säufers ein Hinweis auf den Mundschenk ist.“ M 4:3030-50

Geheimnisse sind bei Mevlânâ durch Symbole angedeutet. Aber sie können nur von jenen, die hierzu fähig sind, erkannt werden. Somit übermitteln die Geheimnisträger dies den hierfür Geeigneten.

„Die Bevölkerung dieser Welt wurde erschaffen,
auf dass die Geheimnisse der Göttlichen Weisheit nicht
im Verborgenen bleiben und offenkund werden.
‚Ich war ein Schatz‘ sprach Gott[67] ganz und gar verborgen.
Vergiss nicht deine Essenz, wenn du dies vernimmst,
sondern bringe sie hervor.“ M 4:3028-29

„Die Bewegung des Löwen auf einer Fahne
gibt Kunde über einen verborgenen Wind.
Wenn dieser Wind nicht gerade geweht hätte,
sag, wie könnte sich der tote Löwe in der Luft bewegen?
Die Bewegung des Löwen zeigt dir, ob es der Morgenwind
oder der Südwind war.
Die Bewegung berichtet dir vom verborgenen Wind.
Dieser Körper ähnelt dem Löwen auf der Fahne.
Gedanken spielen mit ihm immerzu.
Der vom Osten kommende Gedanke ist der Morgenwind.
Der Wind vom Westen ist der stinkend faulige Südwind.

---

67 Außerqur'änisches Wort Gottes: „Ich (Gott) war ein verborgener Schatz und wollte erkannt sein, darum erschuf ich den Menschen.“ Vgl. Ali Yardım, *Mesnevî hadîsleri*, İstanbul 2008, pp. 181-82.

Der Osten dieses Gedankenwindes ist ein anderer Osten.
Der vom Westen kommende Mond ist seelenlos, sein Osten
ist ebenso seelenlos. Aber der Osten des Herzens ist
die Seele von der Seele der Seelen.
Die im Osten aufgehende Morgensonne ist es nicht;
sie ist die Hülle von der aus dem Osten kommenden Sonne.
Diese erleuchtet die innere Welt,
die andere ist nur eine Spiegelung von dieser.
Der Körper stirbt, wenn in ihm keine Seelenflamme ist.
Für ihn gibt es keinen Tag mehr und keine Nacht.
Wäre er kein Körper, sondern Geist, würde er,
auch wenn Tag und Nacht nicht wären, fortdauern.
Dies ist wie das Auge, das im Traum die Sonne und
den Mond sieht, obgleich diese nicht zugegen sind.
Freund, unser Schlaf ist der Bruder des Todes.
Schau auf diesen Bruder und verstehe den anderen.
Auch wenn sie dir sagen, dass der Traum die Ausstrahlung
des Todes ist, höre nicht auf dieses Wort, bis du selbst
die Wahrheit hiervon erreicht hast.
Dein Geist sieht während des Schlafes solch Dinge,
die du, auch wenn du zwanzig Jahre wach bliebest,
nicht sehen könntest.
Der von uns besprochene Traum wird vom Volk
für gewöhnlich als Traum gesehen,
aber die Träume der in Gottes Nähe Angekommenen
sind das von Gott Erwählte und Seine Nähe selbst.
Um von Indien zu träumen, ist ein Elefant von nöten.
Ein Esel kann Indien im Traum gar nicht sehen,
da er von Indien überhaupt nicht getrennt ist.
Der Elefant, der Indien sucht, vermag es.
Somit ist dieser Wunsch und diese Erinnerung des
Nächtens zu einer Form gestaltet und erscheint so vor ihm.
Der Anweisung ‚Gedenke Gottes' Folge zu leisten,

liegt nicht in der Kraft der Beine von jedem Reisenden.
Aber sei nicht hoffnungslos, gleiche dem Elefanten!
Auch wenn du kein Elefant bist,
versuche dennoch einer zu sein.
Ibrahim Adhem[68] sah auch im Traum ohne Schleier
das Indien seines Herzens und zerbrach die Ketten;
er brachte sein Land durcheinander
und wurde aus den Augen verloren!
Dies ist ein Anzeichen, dass Indien gesehen wird.
Der Mensch erwacht, er springt aus dem Schlaf,
wird völlig verrückt, achtet nicht mehr auf Vorkehrungen,
zerreißt die Ketten und zieht von dannen!
Dies ist gar, als der Prophet über das Gotteslicht
berichtete und von dem Zeichen in den Herzen sprach.
Er sagte: ‚Wenn das Gotteslicht in das Herz eintritt,
ist das Anzeichen hiervon folgendes:
Der Mensch entfernt sich von seiner falschen Heimat
und zieht ebenso am Jenseits vorüber!'"

M 4:3051-83

Dies ist, wie Yûnus Emre kundgab:

„Der Himmel, den sie Himmel nennen,
bestehend aus einigen Villen und Grazien.
Gib diesen jenen, die ihn erstreben, ich will nur Dich."

Der Weg zu Gott ist ein Weg, der weit über die Erde, die fälschlicherweise Heimat genannt wird, hinausgeht. Der nachfolgenden Welt wird ewige Glückseligkeit zuerkannt. Das Zeichen Gottes ist Licht, und darum wird gesagt, dass die Nahrung der Wissenden das Licht Gottes ist.

In der Sicht der Mystiker ist der Körper in seiner Sterblichkeit und Wahrnehmungsmöglichkeit gänzlich ungeeignet, einen würdigen Vergleich[69] zum Göttlichen zu bieten. Darum ist er unvollkommen.

---

68 früher Sufi-Heiliger, gest. 782 n.Chr.; **69** *tesbîh;*

„ ... Ja, gleich den Wissenden entzündet der Wissende
die Kerze seines Herzens, um vor der Kerze des Körpers
bewahrt zu sein. So sagt er: Und wenn eines Tages diese Kerze
erlischt, so will ich die Kerze der Seele an ihre Stelle setzen.“

M 4:3110-11

Damit ist klar, dass der Körper – die Leiblichkeit – auf der einen Seite gesehen wird und das Herz – die Liebe – auf der anderen. Eine Seite ist unvollkommen, trügerisch und vergänglich, die andere ausgereift, vollkommen und ewig. Darum ist das eigentliche Ziel der Lehre Mevlânâs, den Menschen vor den fehlerhaften, unbeständigen, irreführenden und verfälschten Eigenschaften zu lösen und die Geheimnisse und Prinzipien des Erlangens der Gottesliebe in ihm einzusetzen. Diese Liebe ist endlos, völlig auf Gott ausgerichtet und manifestiert sich im gereinigten Herzen des Menschen. Die Geheimnisse darüber erreichen unsere Zeit in Form von Sätzen, die in ihrer ermahnenden Verstandesschärfe und Feinfühligkeit dem Geheimnissuchenden eine Überlieferung darbieten, die sich als eine Quintessenz an Erfahrungen und gelebter Wahrheit auszeichnet. Die essentiellen Dinge sind von ihrer eigentlichen Struktur her zu jeder Zeit dieselben. Sie beruhen auf derselben Grundlage und werden, auch wenn es den Anschein hat, dass sie den Veränderungen der Zeit unterliegen, in ihrem Wesen von diesen zu keiner Zeit beeinflusst. Demgemäß verbleibt die Wahrheit dieselbe Wahrheit. Sie wird mit den gleichen Organen gelebt und mit denselben Empfindungen gefühlt.

Um auf dem Weg Gott und die Wahrheit zu erreichen, treten die Sufis in einen unerbittlichen und heftigen Kampf mit ihrem Wollen und ihrem Zweifel. Diesbezüglich werden verschiedene durch jahrhundertelange Erfahrungen und Inspiration gefilterte Methoden zur Anwendung gebracht.

Zu diesen Methoden gehören bei den *Mevlevî*s die 1001-tägige Küchenklausur oder die vierzigtägige Klausur, *halvet*, die auch von anderen Derwischorden zur Anwendung gebracht wird. Innerhalb der 1001-tägigen

Klausurphase verrichtet der nach Wahrheit strebende Derwisch untertags die schwersten Küchenarbeiten. Dieser Dienst ermöglicht ihm die Bezwingung der Überheblichkeit. Die Nächte verbringt er in seiner winzigen Derwischzelle mit Gottesgedenken, rituellem Gebet und Kontemplation in Verbindung mit einer Herzensschau.[70]

Diese zur Erlangung eines differenzierten und essentiellen Wissens führende Maßnahme, die bei den Indern *vivaha* genannt wird, ermöglicht eine maximale Verringerung hinderlicher Gewohnheiten. Mittels dieser Anwendung können sich in der Herzensschau Göttliche Manifestationen verwirklichen, die sich einzig im Herzen des Menschen zeigen und die als Gottes Wahrheit erlebbar und begreifbar sind. In diesem Erziehungssystem trennt sich der Herzensreisende von Gewohnheiten, die der Freiheit entgegengesetzt sind, und wendet sich der Erlangung des klärenden wie auch erleuchtenden Wissens zu. Der Derwisch, der diese Klausurperiode, ohne sie zu unterbrechen, erfolgreich beendet, erlangt eine anerkannte, hohe Rangstufe, die *dedelik*, „Großvater-Rang", genannt wird.

Jeder Augenblick, der von Gewohnheiten befreit ist, liegt als ein einzigartiger, neuer und ausgeglichener Bewusstseinszustand im Bereich derer, die darin Einblick gewonnen haben. Dies sind diejenigen, die die verhafteten Verhaltensformen in ihrem Lebensbereich überschritten haben und in theoretischer wie praktischer Form zur Freiheit gefunden haben. Dieser Zustand der Freiheit ist das erfassbare Ziel des Menschen. Und anhand der notwendigen Anstrengungen auf diesem Weg überschreitet man die herkömmliche Vorstellung vom Leben und dessen auf einzelnen Merkmalen beruhende Kenntnis. Es eröffnet sich damit ein Leben im Abstrakten. Die Vergleiche, die für die Erklärung dieses Lebens notwendig sind, werden in den nichtabstrakten Eigenschaftsbereichen ungültig sein, da die essentielle Art des Abstrakten eigene Merkmale aufweist.

---

70 *zikr, namâz, tevekkür – murâkabe*; *murâkabe*: Gott vor Augen haben, ein erhöhtes Beobachten der inneren Veränderungen während der Kontemplation auf Gott;

Dies ist der Geisteszustand, den Mevlânâ gekostet hat. Aus den zuvor genannten Gründen war seine Antwort auf die Frage: „Wie kann man Gott erkennen?“ „Sei ich, und du wirst es wissen.“ Jemandem, der noch nie eine Orange gegessen hat, den Geschmack einer Orange zu beschreiben, bereitet dem Erklärenden nicht nur Kopfzerbrechen, sondern auch für den Fragenden bleibt jeglicher Vergleich hierzu unbefriedigend.

Denjenigen, die Gewohnheiten als Barriere bewerten und dieses Hindernis überwinden, wird ein bestimmter Geisteszustand in die Hand gelegt. Jedoch können die Personen, die diesen Zustand erlangt haben, nur von denen verstanden werden, die selbst zum Sinn und Inhalt dessen gefunden haben. Solch eine Gruppierung wird in dem Gedicht „Das Halvet der Angekommenen[71]“ beschrieben:

„Das Halvet der Angekommenen klärt die Herzen.
Das Halvet der Angekommenen erweckt die Toten.

Das Halvet der Angekommenen verbrennt bis
zur Veraschung immerzu. Es macht jeden Dorn zur Rose
und bereitet den Weg von Gott hernieder.

Das Werk des aufrichtig Eintretenden ist
voller Seufzer und bitterem Weinen.
Das Halvet der Angekommenen lässt die Augen tränen.

Die Länder erahnend übersteigt man hohe Pässe.
Das Halvet der Angekommenen verkürzt den Weg.

Das Halvet der Angekommenen bringt eine Flamme
in dein Inneres, es verbrennt die Eigenschaft deiner Seele
und öffnet deren Augen.

---

71 Angekommenen – *erenler*;

Das Halvet der Angekommenen lässt dich wissen,
wer du bist, lässt dich lachen, während du weinst,
und erfüllt dich mit Erkenntnis.

Niyâzî[72], mach dich auf, schreite voran,
glaube nicht, dass dies etwas Äußerliches ist.
Das Halvet der Angekommenen ist das Innere des Inneren."

Niyâzî-yi Mısrî

Der auf dem Weg zu Gott Reisende müht sich Stufe um Stufe in allen Wegstationen um eine Reinigung von den Einflüsterungen seiner Triebseele, die ihn zu niederen Gedanken und niederem Verhalten hinabzieht. Sowie er mittels seines Meisters in die Mühen des Halvets eintritt, nimmt er die Station des Reinigens ein, bis sich ihre Vervollständigung zeigt. Wie in dem Gedicht zuvor vermerkt „ ... übersteigt man hohe Pässe", und so kann im Halvet ein großes Hindernis gar schnell überwunden werden. Wir fahren fort, die Besonderheiten des Halvets kennen zu lernen:

„Sieh nicht in geringer Weise auf das Halvet,
denn Genuss und Wohlergehen sind im Halvet.
Reinige dein Inneres mit dem Halvet, denn
Helligkeit und Göttliches Licht sind im Halvet.

Es lässt dich deine Seele erkennen
und lässt sterben vor dem Sterben.
Es gebiert den Weg des Nichts, denn
geistige Armut und Entwerden sind im Halvet.

Es ist ein Ozean, Kopf überwogend,
mit nicht enden wollender Fülle.
Sich nicht kennend erstaunt man, denn
Liebe und Verlangen sind im Halvet.

---

72 Niyâzî-yi Mısrî (m. 1694) berühmter türkischer Sufimeister und Verfasser eines didaktischen Gedichtbandes, welcher als wichtiger Schlüssel zum Verständnis der *vahdet-i vücûd* angesehen wird. Ein Teil seines Gedichtbandes wurde bereits vom Übersetzer ns Deutsche übertragen: Niyāzī-yi Mıṣrī, *Ein Tropfen im Meer des Erstaunens, Osmanische Sufi-Dichtung im Dīvān des Niyāzī-yi Mıṣrī,* Teil 1, Wien 2018.

Sterne, Sonne und Mond,
sie fallen in die Flammen und brennen.
Zu Erden sitzend drehen sich die Sphären,
denn Erde und Himmel sind im Halvet.

Öffne die Augen und zieh die Lehre daraus:
Nähe und Ferne sind völlig eins.
Ohne Bewegung von Zunge und Lippe
ist Vereinigung und Ankunft im Halvet.

Wer in der Trennung die Vereinigung ersehnt,
wer in der Bedrängnis die Ruhe erwünscht,
wer in der Einheit die Trunkenheit erstrebt,
für den ist glückliches Fortbestehen im Halvet.

Lass ab von dir, **Niyâzî**,
und füge Leib und Seele zusammen.
Wer das Geheimnis Gottes zu erfahren wünscht,
für den ist das Geheimnis Gottes im Halvet."

Niyâzî-yi Mısrî

Die als Rückzug oder Halvet beschreibbare Handlung kann innerhalb aller Ordensgemeinschaften als eine der essentiellsten angenommen werden. Für die auf dem Weg zur absoluten Wahrheit und ihren Geheimnissen Angekommenen ist es eine bestimmte Zeit, in der sie sich von weltlichen Wünschen, vergänglichem Wissen und unwichtigen Gedanken distanzieren. Dieser Zeitabschnitt von vierzig Tagen wird formell *erbaîn* genannt. In der Regel kommen nach dem Erbaîn einige Geheimnisse zum Vorschein:

„Das Erbaîn ward vervollständigt
und es ziehen zehn Tage vorüber.
Das Stadium der Rangstufe wird abgeschlossen
und die Seele wird mir zum Geliebten." Niyâzî-yi Mısrî

In diesem Gedicht zeigt sich, dass die Seele mit der Seele eine Form der Einheit bildet, und so zu ein und derselben Sache wird.

Mit der hohen Segenskraft, die in der Sichtweise der Angekommenen liegt, bemühen wir uns, das Halvet zu erläutern. Auch für Mevlânâ hatte dieses eine große Bedeutung:

„Folgendes ist überliefert worden: Eines Tages schritt Hz.Mevlânâ über einen Platz in Damaskus. Aus der Menge kam ihm eine schwarz gekleidete, eigenartige Person entgegen, auf deren Kopf sich eine Derwischhaube befand. Als dieser Mann bei Mevlânâ angelangt war, küsste er dessen gesegnete Hand und sprach: „Goldwechsler der Welt, verstehe mich." Dies war der heilige Şemseddîn-i Tebrizî. Ohne dass Hz.Mevlânâ ihm etwas erwidern konnte, war dieser in der Menge verschwunden. Kurze Zeit später machte sich Hz.Mevlânâ auf den Weg nach Rûm[73]. Als er in Kayseri angelangt war, kamen ihm die großes Gelehrten und Wissenden entgegen. Sie empfingen ihn mit einer lebhaften Musikweise, die normalerweise für Brautleute bestimmt ist. Sâhib Isfahânî wollte Mevlânâ zu seinem Saray bringen, aber indem Seyyid Burhâneddîn nicht gestattete, dass Mevlânâ dorthin ging, sprach er: ‚Es war Mevlânâs Vaters Bahâ Veled Gewohnheit, in der Qur'ânschule abzusteigen.' Nachdem Hz.Seyyid Hz.Mevlânâ von der Menschenmenge erlöst hatte und mit ihm allein war, sprach er zu ihm in gütigster Weise: ‚Gott sei gepriesen. In allen äußeren Wissenschaften bist du deinem Vater um ein Hundertfaches voraus, jedoch um die Perlen des inneren Gotteswissen[74] darzulegen, möchte ich, dass du unter meiner Obhut ein Halvet durchgehst.' Mevlânâ nahm Seyyids Begehr in aufrichtiger Weise an. Seyyid sprach: ‚Mach sieben Tage Halvet.' Mevlânâ erwiderte: ‚Sieben Tage sind wenig, es mögen vierzig Tage sein.' Seyyid richtete eine Zelle her und Mevlânâ ließ sich zum Halvet in dieser Zelle nieder. Die Zellentür wurde mit Lehm versiegelt. Es heißt, dass in der Zelle außer einer kleinen Karaffe Wasser und etwas Gerstenbrot nichts vorhanden war. Nach vierzig Tagen öffnete Seyyid die Zellentür, trat ins Innere und sah Mevlânâ

73 Zentralanatolien; da Mevlânâ dort in Konya gelebt hat, wurde er auch Rûmî, der aus dem Land Rûm, genannt. **74** *ilm ledun*, „das Wissen, welches bei Ihm (Gott)" ist, bezogen auf Qur'ân 18:65; vgl. Seyyed Hossein Nasr (Hg.), *The Study Quran, A New Translation and Commentary*, New York 2015, pp. 748-52;

in Gedanken versunken in der Ecke sitzen. In innerlicher Ruhe war er von Staunen erfasst und darin aufgelöst. Seine Gedanken waren auf die inneren Welten gerichtet. Voll des Erstaunens war seine Wahrnehmung mit den Dingen der raumlosen Welt vereinnahmt. Versunken war er in das Geheimnis des „auch sind in ihren Seelen wundersame Ermahnungen, doch sehen sie diese nicht.“[75] In solch einem Zustand sah er ihn.

„Was es auch in dieser Welt gibt,
wenn es außerhalb von dir ist, existiert es nicht.
Was auch immer du suchst, suche es in dir,
denn alles, was du suchst, ist in dir.“

Der nicht wahrgenommene Seyyid blieb einen Moment stehen, ging sodann rücklings und schloss die Zellentür. Als schließlich auch die zweite vierzigtägige Klausur vorüber gezogen war, trat er wieder ein und sah, dass Mevlânâ gerade im rituellen Gebet niedersaß. Er flehte zu Gott und seine Augen waren wie der Vers ‚in ihnen sind zwei sprudelnde Quellen‘[76] voll der Tränen. Mevlânâ nahm keine Kenntnis von Seyyid und so ging dieser wieder hinaus und verschloss die Tür fest hinter sich. Danach machte sich Seyyid sehr viele Gedanken über den Zustand, den er an ihm beobachtet hatte. Als nun auch die dritte vierzigtägige Klausur vorübergezogen waren, riss Seyyid weinend die Zellentür auf. Lächelnd trat ihm Mevlânâ entgegen. Seine gesegneten Augen hatten sich in der Trunkenheit zu einem göttlichen Meer gewandelt:

„In seinen beiden Augen und in deren Schwärze
erkenne die tanzende Spiegelung unseres Freundes.“

In Dankbarkeit warf sich Seyyid nieder, weinte haltlos und wies eine große Empfindsamkeit auf. Er umarmte Mevlânâ und küsste sein Gesicht. Er verneigte sich wiederum und sprach: ‚Unter allen Wissenschaften, den überlieferten, verstandesgemäßen, bekannten und erforschten, bist du jemand geworden, dem keiner gleicht. Mit deinem Zustand, im Erkennen der

---

75 Q 51:21; **76** Q 55:50;

verborgenen Geheimnisse, mit der moralischen Kraft der Wahrhaftigen, im Erfassen des Unsichtbaren, in der Geistigkeit und in der Schau des Antlitzes des Unsichtbaren bist du jemand geworden, auf den der Prophet und die Heiligen hingewiesen haben. Wahrlich, all die vorbeiziehenden Scheiche und Wahrheitssucher zogen aus, um zur Gegenwart solch eines Herrschers, wie du einer bist, zu gelangen. Voll der Sehnsucht und des Erstaunens machten sie sich auf den Weg, um von deinem Erreichen der Vereinigung zu lernen. Dank sei Gott in dieser und der nächsten Welt, dass dieser hagere und schmächtige Diener die immerwährende Wonne und Glückseligkeit erblickt hat. Gehe im Namen Gottes und überhäufe der Menschen Geist mit neuem Leben und einer nicht abwägbaren Gnade. Erwecke die Toten dieser äußeren Welt mit deinem inneren Sinn und deiner Liebe.' Danach brach Mevlânâ nach Konya auf. Er öffnete den vom Unterricht der äußeren Wissenschaften belegten Menschen die Türen der Predigt, des Rates und des Gedenkens."

AM 3:161-62

Sowohl nach islamischer Sitte wie auch anhand der türkischen Tradition ist der Respekt gegenüber einem Älteren eine wichtige Angelegenheit. Sollte, im Besonderen wenn dieser ältere Mensch ein geistiger Lehrer, Scheich oder ein Ordensoberhaupt ist, der Gott gelobt hat, sein Wissen, seine Freigiebigkeit und Unterstützung seinen Schülern nicht vorzuenthalten, dieser ohne Respekt behandelt werden? Hinsichtlich der sufischen Handlungsweise ist die Achtsamkeit gegenüber dem Ordensoberhaupt, Scheich oder geistigen Lehrer zu großen Feinheiten entwickelt worden.

„Folgendes wurde überliefert: Als Hz.Mevlânâ eines Tages die inneren Bedeutungen und Wahrheiten bei einer Versammlung ausgestreut hatte, trat ein angesehener junger Mann ein und setze sich einem Älteren gegenüber in eine höhere Position. Nach einer Weile äußerte sich Mevlânâ in folgender Weise: ‚In der Vergangenheit erging der Befehl Gottes, dass sich jeder Jüngere bezüglich der höheren Position der Älteren unverzüglichst zu Boden zu begeben hat. Das war die Widervergeltung des Volkes. In dieser Epoche nun bedenken die herankommenden Jugendlichen nicht, dass mit ihrem unbekümmerten und ungenierten Wegstoßen der Älteren auf dem Weg, ebenso in ihrem Inneren eine weitere verschlechternde Form ihres Endes entsteht.' Er fügte hinzu: ,Gottes unbesiegter Löwe, Alî bin Abû Tâlib[77], möge Gott seinem Antlitz Gnade verleihen, war gerade im Begriff zu der Moschee des Propheten zu gehen, um das Morgengebet zu verrichten, als er in der Mitte des Weges einen alten Juden vor sich gehen sah. Aus Ritterlichkeit, Mitmenschlichkeit und der guten Sitte wegen zeigte der Fürst der Gläubigen dem Alten gegenüber Respekt. Er überholte ihn nicht, sondern ging langsam hinter ihm her. Als Hz.Mustafâ, möge Gottes Frieden auf ihm sein, zu der bestimmten Zeit in der Moschee gerade bei der Verbeugung der ersten Gebetseinheit angelangt war, kam auf Gottes Geheiß der Erzengel Gabriel und legte seine Hand auf den gesegneten Rücken des Propheten[78], auf dass Ali, der Unbestechliche, nicht um den Lohn des Morgengebetes gebracht werde. Denn die erste Gebetseinheit des Morgengebetes ist wertvoller als hundert Jahre Gottesdienst. Der Prophet äußerte: ,Die erste Gebetseinheit des rituellen Gebetes ist besser als die Welt und alles, was man in dieser Welt vorfindet.' Nachdem Hz.Mustafâ (Gottes Gruß und Friede zu ihm) das Ritualgebet, die Rezitation und das Bittgebet beendet hatte, fragte er den vertrauensvollen Gabriel: ,Was war das Geheimnis des Umstandes in diesem Geschehen?' Gabriel antwortete: ,Während Alî auf dem Weg zum Gebetshaus war, traf er auf einen alten Juden. Um jenen zu achten, verlangsamte er seinen Schritt. Keinen Schritt setzte er vor ihn. Der von allen Unvollkommenheiten reine, kristallklare, erhabene Gott sah es als nicht gerechtfertigt an, dass Alî von Mekka um den Lohn des Morgengebetes kommen sollte, und erwies ihm darum solch eine Gnade.' Wenn nun jemand, gleich Alî, der Unbestechliche, einem alten Ungläubigen solchen Respekt erweist und dieser dadurch von Seiten Gottes mit solch einer Gunst und Gnade ausgezeichnet wird, wie werden dann erst im Vergleich hierzu die Gnadengaben Gottes sein gegenüber jemandem, der Respekt und Ehrerbietung für einen auf Gottes Wegen gealterten, im islamischen Glauben sehr erfahrenen, liebenden und getreuen Alten sein, der den bedeutungsvollen Gesprächen der Alten beiwohnte und sich zwischen den

---

77 Cousine und enger Gefährte des Propheten (Gottes Frriede auf ihm), der die Kraft eines Löwen aufwies; **78** ... und hinderte so den Propheten an der Beendigung der ersten Gebetseinheit des Ritualgebetes;

von Gott angenommenen Dienern eingereiht hat? Es ist in Wahrheit wie im Qur'ân angeordnet: ,Ehrt Gottes Propheten und all Seine Tiefgläubigen.[79]' Wenn du das Glück des andauernden Jungbleibens erstrebst, so hefte dich an den Rocksaum eines spirituell alten Menschen. Denn kein Junger konnte ohne solch einer aufrichtigen Hilfe eines Alten älter werden und die Hilfen der spirituell Gealterten, *pîr*[80], erreichen.'

„Wähle den Pîr, sei Schüler eines Pîrs;
denn wenn du ohne einen Pîr bist,
ist diese Reise mit vielen Plagen, Ängsten
und Gefahren angefüllt.
Dieses junge Glück von mir nannte ich alt,
jedoch ist es nicht alt wegen der vorübergezogenen
Tage, sondern von Seiten Gottes ist es alt.
Von nun an suche ich nicht mehr solch einen Sklavenweg.
Einen Pîr suche ich, einen Pîr, einen Pîr ...
Er ist nicht alt an Welten Zeit, er ist alt auf dem
geraden Weg. Und Gott weiß es besser." AM 3

Der lehrende Pîr gibt von seiner Position der Rechtleitung aus Stück um Stück von dem Wissen, dem Zustand, der Gnade und Liebe jenen, die davon zu nehmen wünschen. Er hat diese Gaben durch eine Gegenleistung seinerseits erhalten, oder sie wurden ihm als Gottesgeschenk gewährt. Damit die Umsetzung dieses Handels eine vertrauensvolle Form erhält, benötigt der Schüler eine große Achtsamkeit:

„Eines königlichen Dienstes bedarf der Schüler
seinem Meister gegenüber; so königlich,
dass er seinen Kopf auf dessen Türschwelle legt.
Dies- und Jenseits seien nicht durch ihn beschämt.

Ein großes Maß an Standhaftigkeit
ist als Dankesschuld für diesen Weg von nöten.

---

79 *müminler*, vgl. Q 63:8; **80** *pîr*, persisch: adj. alt, subst. Alter, geistiger Führer, Derwischordensoberhaupt;

Wunschlosigkeit ist das Streben des Vorankommenden.
Klug wie auch verrückt seist du unter dem Volk genannt.
Gleich wie bei Moses ist es von nöten,
dass Khidr deinem Boot ein Loch schlägt,
die alte Mauer niederreißt und deinen Sohn erschlägt.[81]

Halte dein Versprechen gegenüber deinem Meister.
Was auch sein mag, zieh voran.
Lass ab von dem, was du weißt, falls du sagst,
du willst zu geistigem Wissen gelangen.
Die Beziehung zum *pîr* ist nur, um dich selbst zu kennen,
den Punkt zu kennen, ist der Sinn von Wissen und Weisheit.[82]

Komm, o Bruder, wenn du sagst, du möchtest Gott finden;
jedoch wenn du nicht zu einem vollkommenen Meister
gelangst, ist dies nicht möglich. Wenn du sagst,
du möchtest die Pracht des Gottgesandten sehen,
ist dies nicht möglich, so du nicht
zu einem vollkommenen Meister gelangst.

Wieviele zogen aus, um einen Meister zu suchen,
die Suchenden fanden das Heilmittel des Leides.
Auch wenn du es tausendmal schwarz und weiß liest,
ist dies nicht möglich, so du nicht zu
einem vollkommenen Meister gelangst.
Die Richter und Theologen kamen alle,
legten ihre Bücher zur Seite und fragten:
Woher hast du dieses Wissen genommen?
Dieses ist nicht möglich, so du nicht
zu einem vollkommenen Meister gelangst.

---

81 Anspielung auf die Geschichte von Moses und Khidr in der 18. Qur'ân-Sure (Q 18:60–82), worin Moses mit Khidr, dem geheimen Boten Gottes, eine Reise unternimmt. Bedingung an Moses ist, dass er keine Fragen stellt. Khidr schlägt ein Loch in das Boot von armen Fährleuten, baut die eingestürzte Hausmauer von zwei Waisenkindern wieder auf und tötet einen jungen Passanten. Moses vermag darüber nicht zu schweigen und stellt Khidr zur Rede. Dieser erklärt ihm bei der Verabschiedung, dass ein König auf einem Feldzug alle Boote beschlagnahme, jedoch die beschädigten verschone; dass unter der Mauer ein Schatz für die Waisenkinder liege und dass der Getötete ein Schwerverbrecher geworden wäre. **82** Vgl. Aussage von Hz.Alî: ‚Wahres Wissen ist ein Punkt, nur die Unwissenden haben mehr daraus gemacht.'

Yûnus Emre sprach: Da ist ein Sinn darin.
Gelangtest du zu einem vollkommenen Meister,
kamst du beim heiligen Moses und Khidr an.
Doch dies ist nicht möglich, wenn du nicht
zu einem vollkommenen Meister gelangst.“ Yûnus Emre

Ein *mürşid*[83] oder Pîr, der diesen Weg zuvor im Durchschreiten selbst erfahren und das Wissen darum verinnerlicht hat, wird von allen des Sufismus Kundigen als ein Führer anerkannt. Man sollte ihm stets Hochachtung und Respekt entgegenbringen, da er einen hohen Rang erlangt hat. Über dieses Thema wurde so viel berichtet, dass, um hierüber zu schreiben, weder die Zeit noch die Möglichkeit ausreicht.

Nachdem wir hinsichtlich der Bevollmächtigung des Wegweisenden, über dessen Wissen, Liebe und seiner Annäherung an die Wahrheit ein wenig Wissen erworben haben, wollen wir nun jene ins Auge fassen, denen der Weg gewiesen wird:

Der kurzerhand unter dem Namen Derwisch bekannte Reisende zur Wahrheit bemüht sich, als *mürid*[84] im Einklang mit seinem spirituellen Führer zu sein. Um in Gleichschwingung mit seinem Mürşid zu sein, gibt der Derwisch, gleich wie Mevlânâ beim Anblick von Şemseddîn-i Tebrizî, alle Mutmaßungen und Kenntnisse der Menschheit auf. So wie es in den Worten zum Ausdruck kommt: „Halte dein Versprechen gegenüber deinem Meister, was auch sein mag, zieh voran; lass ab von dem, was du weißt, falls du sagst, du willst zu geistigem Wissen gelangen“, ist es notwendig, dass der Derwisch seine Existenz aufgibt und die eigenen Kenntnisse hinter sich lässt. Somit kann das in die leere Schale gefüllte innere Gotteswissen, welches mit der Intuition der Liebe vermengt ist, ins Leben treten und einen göttlichen Zustand hervorbringen.

„Was ist das Derwischtum wohl für ein Zustand,
den sonst niemand erlangen kann.

83 Sufi-Meister; **84** Schüler eines Sufi-Meisters;

Die Welten sind als ein Lehrbeispiel errichtet,
jedoch kann sie kein Auge erblicken.

Jeder, der daran festhält, gelangt zu
meiner Seele und zu meinem Geliebten.
Was war, ging darnieder, selbst bis zum jüngsten Tag
erkennt man die Seele nicht.

Der in geistiger Wissenschaft und Verhalten Studierte
und der das Geheimnis der vier Glaubensrichtungen
vernommen hat, verblieb hierbei oft unfähig,
das zu verstehen.

Wer das erreicht, ist willens,
für die Liebe die Seele zu geben.
Die das Schicksal verstehen,
haften nicht an ihrer Seele.

Yûnus, lass ab von deiner Seele,
vernichte deine Person.
Ein äußere Form, die nicht vergeht,
kann sich nicht mit dem Geliebten vereinen."

Yûnus Emre

„Lass mich dies den Derwischen sagen:
In meinem Inneren ward ein Leid.
Gesegnet ist über Berg und Tal der Schritt des Derwischs.
Mit dem Gesicht zu Boden fleht er zu Gott.
Sowie die Auferstehung anbricht, sind die Seelen erweckt.
Der vollendete Derwisch gereicht zum Meister.
Weinend spricht Muhammed: O meine Gemeinde!

Wahrlich, der Derwisch ist für uns von nöten,
denn die Welt ist mit Klagen erfüllt.
Was kann dir die Wahrsagerei noch mitteilen,
wenn du die Essenz vernommen hast?

Glaube nicht, dass das Derwischtum
durch das Bilden der äußeren Form möglich ist.
Wenn du dich noch am Wort festhaltest,
was kann dir dann der Zustand mitteilen?

Was man mit Derwischtum bezeichnet,
ist nicht mit Worten auszudrücken.
Wer wahrhaft mit dem Wahrhaften ist,
dessen Weg ist geebnet.

Die ‚Ich bin ein Derwisch' sagen und
hierbei lügen, denen wird der Prozess gemacht.
So vermögen sie morgen nicht das Antlitz Gottes zu sehen."

Yûnus Emre

In der Geschichte des Sufismus wird das Thema des Derwischtums sehr oft abgehandelt und in verschiedener Weise ausgelegt. Selbst in den mündlich überlieferten Gotteshymnen, *ilâhî*, wurden einige Ratschläge thematisch behandelt:

„Gedenke zuerst der Einheit, sodann deiner Verderbtheit.[85]
Gehe den geraden Weg, so du sagst: Ich möcht' ein Derwisch sein.
Wenn du sagst: Ein Derwisch will ich sein. (Refrain:)
Wenn du sagst: Ein Mensch möcht' ich sein;
wenn du sagst: Ein Liebender will ich sein;
wenn du sagst: Zu Gott möcht' ich finden.

---

85 *evvel tevhîdi zikret sonra cürmünü zikret; tevhîd zikri*: Gedenken der Einheit, basiert auf der Gottesanrufung von ‚*Lâ ilâhe illallâh* – Es gibt keinen Gott außer Gott' bzw. das Gedenken dieser darin enthaltenen Wahrheit.

Komm zur Einheit, zur Einheit, gedenke Gottes an jedem Ort.
Der Schleier dazwischen möge enthoben sein,
wenn du sagst: Ich will ein Derwisch sein. (Refrain)

Suche einen meisterlichen Scheich, warum streunst du so herum?
Halte dein Wort ohne Wenn und Aber,
wenn du sagst: Ich möcht' ein Derwisch sein. (Refrain)

Such bei deinem Scheich keinen Fehler,
verweile nicht zu lange in seiner Gegenwart.
Ermüde nicht in deinem zusätzlichen Beten und Fasten[86],
wenn du sagst: Ich möcht' ein Derwisch sein. (Refrain)

Schlucke nicht den verbotenen Bissen,
räche dich nicht an deinen Brüdern,
vergiss nicht deinen ehrenwerten Meister,
wenn du sagst: Ich möcht' ein Derwisch sein. (Refrain)

Widersetze dich nicht dem Wort Gottes,
beschreite nicht den Weg ohne geistigen Führer,
lass nicht ab von der Gottergebenheit,
wenn du sagst: Ich möcht' ein Derwisch sein. (Refrain)

Mische nichts Unwahres in die Träume,
gib das Geschwätz nicht weiter,
und schlafe nicht in der Morgendämmerung,
wenn du sagst: Ich möcht' ein Derwisch sein. (Refrain)

Beende deine Arbeit mit dem Qur'ân,
setze das Gottgedenken in der Arbeit fort,
Wirf deinen Kopf zu Boden,
wenn du sagst: Ich möcht' ein Derwisch sein." (Refrain)

---

86 *nâfile*: über die obligaten Gebete und Fastenzeiten hinausgehende freiwillige Gottes dienstliche Handlungen und Gebete.

Wie in der zuvor genannten Gotteshymne haben die Sufis die angeführten Erfahrungswerte in Lebens-, Gedanken- und Verhaltensformeln mit Musik vereint bis in unsere Tage übermittelt.

„Sieh nicht, so du Religion und Glauben hast,
verächtlich auf die Derwische.
Das gesamte Universum ist im Anblick
der Derwische voll des Sehnens.

Beim Gespräch der Derwische verweilen
Mond und Sonne als Liebende.
Die Engel verkünden das Gotteslob
und gedenken der Derwische.

Muhammed al-Mustafa war ein Derwisch.
Sein Herz war rein.
Kränke nicht die Derwische,
so du ihren Beistand willst.

Bist du beim Verletzen, so seufzen sie.
Und da du ohne Sicht bist, führen sie dich.
Sie trocknen deine Ursprungswurzel aus,
so du die Derwische verletzt.

Weit schießt der Derwisch seinen Pfeil,
ohne die Haut zu berühren, dringt er in die Seele ein.
Ohne zu bemerken, zerreißt er und hält fest.
So sieh nicht verächtlich auf die Derwische.
Die Fehlgegangenen gelangen zur Reue.
Die Herren des Thrones unterwerfen sich.
Berge und Steine verrichten die Niederwerfung.
Wir werden die Derwische sehen.

Erde und Himmel sind Anrecht des Derwischmantels.
Möge die Unterstützung der Derwische andauern.
Da der König zum Mundschenk wurde,
sind die Derwische die Trunkenen.

Auch wenn du die Bedeutung der vier Bücher[87]
tausendmal am Tag liest, wirst du, so du die Derwische
nicht liebst, die Meister morgen nicht sehen.

Diese Derwische sind ein Vogel, mit Gott vertraut.
Für den Unwissenden ist es dort,
wo die Derwische zugegen sind, wie ein Traum.

Der Leidende kennt uns
und fragt stets nach unserem Zustand.
Das Auge des Gottesleugners ist blind,
er vermag nicht die Derwische zu sehen.

Yûnus spricht: Diese Liebe kam,
gab Leben meiner toten Seele.
Das Du und Ich wurden zu Worten ohne Bedeutung.
Wir werden die Derwische sehen.“ Yûnus Emre

Aufs Neue wollen wir Yûnus Emre unser Gehör schenken, um zur Erklärung des Derwischtums einige interessante Aussagen zu vernehmen:

„Wenn jemand sagt: Ich bin ein Derwisch,
so lasse ich ihm Ehre zuteil werden.
Das ‚Nun kenne ich mich‘ ist in seiner Ankunft nahe.
Yûnus, sprich dies Wort nicht krumm und gewunden,
denn ein Molla Kasim[88] kommt, um dich zu prüfen.“

87 Buch Mose, Psalmen Davids, Evangelium Jesu und der Qur’ân;

Die Lehre des Derwischtums, die als Essenz der sufischen Bewegung hervorgekommen ist, erfordert die Selbstaufopferung derer, die sich dieser Lehre verschreiben.

„Die Freigiebigkeit des Derwisches entspringt
seiner Seelen- und Herzensaufopferung.
Dies ist die Grundlage jeglicher Freigiebigkeit.“ AM 3:416

„Folgendes wurde von den großen Freunden übermittelt: Eines Tages kommentierte Hz.Mevlânâ die Aussprüche des Ferîdeddîn-i Attâr[89], möge Gott ihm Gnade erweisen. Da sprach ein ungehöriger Mensch: ‚Dies ist Attârs Wort!‘ Mevlânâ erwiderte: ‚O Respektloser, wer bin dann ich?‘ Wiederum fragte ein treuer Freund: ‚Was ist *lâ-mekân*[90] für ein Ort und wo ist dieser?‘ Mevlânâ erwiderte: ‚Das *lâ-mekân* ist der Geist und das Herz der bei Gott Angekommenen.‘ Eines Tages fragte ein Sufi: ‚Was ist die Bedeutung dieses Augenblicks?‘ Mevlânâ sprach: ‚Dies ist die Freigiebigkeit auf dem Weg Gottes, welche aus der Seele und dem Herzen hervorbricht.‘

AM 3:414

„Wiederum berichtete der Sohn des Universitätslehrers Celebi Bedreddîn: Eines Tages gab mir Hz.Mevlânâ ein Blatt Papier, worauf Folgendes geschrieben stand: Die Ruhe, der Genuss und die Heiterkeit des Derwisches nehmen in dem Zustand der stillen Gelassenheit[91] zu. Doch bei dir steigert sich in der stillen Gelassenheit der Überdruss. Die Stille bekümmert dich. Wie kann das sein? Es ist zu deinem Guten. Ist in dem Augenblick, wenn Gott sich manifestiert und die Schleier hebt, noch ein Platz für Worte?“

„Nicht bin ich ein Kamm, voll bezahnt mit Zungen.
Ich bin ein Spiegel, ganz zum Auge geworden.
Da ich meine Werke nicht verlautbare,
klage ich in geheimster Weise aus meinem Inneren.“

---

88 Der Übermittlung gemäß hatte ein puritanischer Theologe namens Molla Kasim, die Werke des Yûnus Emre zwei Jahrunderte nach dessen Ableben einer Zensur unterworfen, bis er eines Tages zu diesem Gedicht mit seiner Namensnennung ankam und davon abließ.

89 ‘Aṭṭar (m. 1240), berühmter persischer Sufidichter, der wie Hakîm Sanâ'i didaktische *mesnevîs* verfasst hat; **90** *lâ-mekân*: wörtl. Kein-Ort, Bezeichnug für den geistigen Standort der Raumlosigkeit; **91** *sükût*;

„Mit Ihm lösen wir uns von uns,
mit Ihm selbst bleiben wir fortbestehend."

„Da Gott der Übermittler und Umwandler ist,
lassen wir zu Seinen Gunsten von uns ab,
und bleiben durch Ihn fortbestehen."

„Dieser Mensch umspinnt sich selbst wie eine Seidenraupe und glaubt, eine Arbeit verrichtet zu haben. Aber indem er diese leuchtende Welt eng und dunkel bereitet, wirft er sich darum eigenhändig in den Kerker. Siddik[92], der ‚O mein Gott, vermehre mein Erstaunen!' von sich gab, übermittelte in seinem Leben nicht mehr als sieben Aussprüche des Propheten."

AM 3:512

Mit dem Wort „Derwisch", das ursprünglich Türschwelle[93] hieß, bezeichnet und anerkennt man in allen Derwischorden einen auf dem Weg zu Gott strebenden Menschen. So wie der Derwisch auf all seinen Wegen darum ringt, die absolute Wahrheit in sich zu erspüren, bemüht er sich, die höchsten Stadien der Liebe und des Wissens, zu denen ein Mensch gelangen kann, zu erreichen.

Dieser Weg, der durch die disziplinierte Rechtleitung des Wegweisenden zurückgelegt wird, hat spezifische Grundlagen. Hiervon sind die wichtigsten *riyâzet* und Diätik. Lasst uns Mevlânâ zu diesem Thema hören:

„Er sprach: Im wenig Essen liegen viele Vorteile. Einige hiervon sind: Wer wenig isst, hat einen gesunden Körper, ein starkes Gedächtnis, einen klaren Verstand, ein reines Herz, ist selten schläfrig, hat eine leichte Triebseele, einen scharfen Blick, eine angenehme Natur, bedarf wenig, ist tolerant und hat einen großmütigen Charakter."

„Von Muhammed bin el-Yemân wird folgende Aussage übermittelt: Ich wählte Einjahr-Fasten[94], da ich sechs Personen sechs verschiedene Fragen

92 Abû Bakr, enger Gefährte des Propheten (Gottes Friede auf beiden), der mit dem Beinamen „der Aufrichtige" benannt wurde. **93** Persisch: *dar*-Tür, Platz am Tor, *dar-viş*: Schwelle bzw. der an der Türschwelle befindliche Bettler. **94** *savmu'd-dehr;*

gestellt hatte und alle auf die sechs Fragen dieselbe Antwort gegeben hatten. Ich fragte die Ärzte, was das effektivste Heilmittel ist. Sie antworteten: ‚Das heilkräftigste Medikament ist Hunger und wenig Essen.‘ Ich fragte die Philosophen nach dem besten Mittel um Weisheit zu erreichen. Sie antworteten mir: ‚Hunger und wenig Essen.‘ Ich fragte die Betenden, was für den Gottesdienst am Nützlichsten sei. Sie antworteten: ‚Hunger und wenig Essen.‘ Ich fragte die Gelehrten: ‚Was ist am besten geeignet, um sich Wissen einzuprägen.‘ Sie antworteten: ‚Hunger und wenig Schlaf.‘ Ich fragte die Könige nach den besten Speisen. Sie antworteten: ‚Hunger und wenig Essen.‘ Und ich fragte die Liebenden, was am besten geeignet wäre, um des Menschen Geliebten zu erreichen. Sie antworteten: ‚Hunger und wenig Essen.‘

„Halte deinen Magen leer und flehe wie die Rohrflöte.
Halte deinen Magen leer und berichte von Geheimnissen
wie die Rohrfeder.“

„Die vortrefflichste Tat besteht darin, einen gesättigten Bauch hungrig zu lassen und einen hungrigen Bauch zu sättigen. Das heißt, den eigenen gefüllten Bauch in den hungrigen Zustand zu versetzen und den hungrigen Bauch eines anderen zu füllen. Andere meinen, den eigenen Bauch des Geistes hungrig zu halten und in einen Zustand einzutreten, worin man die Nahrung des Geistes erwartet und ihn in einen aufnahmefähigen Zustand zu versetzen.

Fasten ist der Arzt der Körper und der Beschützer der Geister. Das heißt, dass es den Körper von Krankheit befreit, einem beim Gottesdienst von Trägheit reinigt und weiters den Geist von der Grausamkeit der Einsamkeit erlöst. Sowie dein Sein zum Nichtsein wird, wechselt dein Nichtsein ins Sein. Der Weise[95] wurde gefragt, was das Geheimnis der Reinheit sei. Er antwortete: ‚Das Geheimnis der Reinheit ist die Reinheit des Geheimnisses[96].‘ Der ihn fragende Mensch sprach:‚Ich lernte die äußere Form der Reinheit, aber was ist ihre Seele?‘ Er erwiderte: „Die Seele der Reinheit ist

95 Hakîm Sanâ'i;

die Reinigung der Seele von jenen Eigenschaften, die Dunkelheit hervorbringen." Rituelle Reinheit ist das Hervorbringen des Geheimnisses aus den Dingen, die die Annäherung an Gott, den Erhabenen, behindern. Rituelle Reinheit ist, dass du dein Geheimnis von den Eigenarten, die dich daran hindern, dich Gott anzunähern, hervorholst und reinigst." AM 3:518

„Fahre fort zu fasten, denn es ist das Siegel Salomons.
Bring dein Reich nicht zum Einsturz, indem du
dein Siegel in die Hände des Teufels legst."

„Speisefett und die Süßigkeiten
scheinen rein und fein zu sein, aber nach einer Nacht
sind sie in dir zum Schmutz geworden."

„Du, iss nicht für den Körper, sondern iss des Geistes
fette und süße Nahrung, auf dass dir Flügel wachsen
und du fliegen lernst." AM 3:206

„Scherz und Speise sind dem reifen Menschen erlaubt.
Bist du jedoch nicht gereift, so iss nicht und schweig." M 1:1621

„Folgendes: Es wurde von den Freunden eine Gruppe als Gesandtschaft nach Kayseri gesandt. Als sie zurückgekehrt waren, haben einige Freunde von der Festtafel des Seldschukenminister Pervâne erzählt und hierbei die verschiedensten Leckereien erwähnt. Hz.Mevlânâ bemerkte verärgert: ‚Die Freunde sollten sich schämen, den Abort und alles, was sie gegessen und getrunken haben, über alle Maße zu loben.

Oh, schau auf jenen, der das fette Essen gesehen und gegessen hat.
Erhebe dich und schau auf den Abort, was hiermit geschehen ist.'

Folglich bereuten die Freunde und baten um Verzeihung." AM 3:438

---

96 Geheimnis, *sirr*, ist ein psycho-energetischer Bereich der Gottesnähe im Menschen. Im Sufismus werden auch verschiedene feinstoffliche Zentren mit Entwicklungsstadien gleichgesetzt. Eine häufige Reihenfolge der Zentren u. Stadien: *akl, kalb, rûh, sirr, hafî* – Verstand, Herz, Geist, Geheimnis und innerstes Geheimnis (das Verborgene).

Im Bemühen des Erlangens der Gotteserkenntnis muss der zu Wahrheit Reisende sein Augenmerk ebenso auf das Thema der Dankbarkeit richten:

„Es gibt drei Arten der Dankbarkeit. Der Dank für Speise, Trank und Kleidung ist die Dankbarkeit des einfachen Volkes. Bezüglich dessen, was im Menschen vorgefunden wird, und dessen, was sich durch das Gedenken an den Gnadengeber im Herzen manifestiert, besteht die Dankbarkeit der Elite. Dem Erfassen der Manifestation des Gnadengebers selbst in Seiner Erhabenheit und dem daraus entstehenden Hintantreten der Dinge im Herzen gilt die Dankbarkeit der Elite der Elite.

Demgemäß hat die Dankbarkeit drei Grade. Der erste ist auf der untersten Ebene die Dankbarkeit bezüglich Speise, Trank, Kleidung und anderer angesammelter Güter des Menschen, die zu den vergänglichen Dingen zählen. Der zweite ist die Dankbarkeit der Elite für die Wohltaten, die in ihre Herzen gelegt wurden, derartige, wie Frohsinn und Süße, die nicht von dieser Welt, sondern Gottes Werk sind und Seine Bestimmung beinhalten. Der dritte ist die Dankbarkeit derer, die Gott, als Verleiher der Gaben und als Einsetzer der Segnungen, in Seiner Schönheit erblicken. Im Herzen jener, die diesen Grad erreicht haben, sind alle Gaben dieser und der nächsten Welt, wie auch alles, was nicht von Gott sein mag, unbedeutend."

AM 3:519

Die Mevlevîs, die Mevlânâs Spur folgen, und sich selbst in der Richtung seiner geistigen Führung erziehen, beten füreinander um die Annahme des für den Derwischweg notwendigen Liebesschmerzes in folgender Art: „Gott möge deinen Schmerz erhöhen." Ein berühmter Dichter[97] brachte dies in solcher Weise zum Ausdruck:

„Der Liebesschmerz ist mir angenehm.
Arzt, nimm weg die Hand von der Medizin.
Reiche mir nicht das Heilmittel meines Schmerzes,
denn des Giftes Gegenmittel ist mein Untergang."

---

97 Fuzûlî (m. 1556), berühmtester Azeri-Dichter, der auch als bester osmanischer Dichter angesehen wird. Er war von turkmenischer Herkunft und lebte im Irak.

Hinsichtlich des Liebesschmerzes schenken wir Mevlânâ unser Gehör: „O Herz, hier bist du und hier ist Sein Schmerz, der das Heilmittel ist. Nimm das Leid an und schweige darüber, denn dies ist das Gebot. So wisse, dass der Schmerz von Ihm das Heilmittel ist. Erkenne, dass jede widrige Sache, ob sie im Schlaf oder im Wachen zu dir kommt, eine Schlinge Seiner Gunst ist und dass Er als Beschützer ausreicht. Denn, indem Er einen Schlag austeilt, bringt Er dich Seiner Göttlichen Heiligkeit näher. Um deiner Reinheit willen setzt Er dir Grenzen. Diese genannten Hindernisse sind für jene, die dessen würdig sind, eine Reinigung ihrer Vergehen. Er brandmarkt dich, auf dass deine Gebrechen von dir gehen. Denn du bist Sein Kamel. Sie machen eine Salbe für das Kamel und brennen es. Aber sie können dem Kamel nicht mitteilen, gegen welche Gebrechen sie es brennen. Siehst du nicht, dass dein Schmerz dich näher zu Gott bringt und die Welt in deinen Augen gleichgültig werden lässt? Siehst du nicht, dass dich Anerkennungen zum Volk und Nötigungen weg vom Volk wenden?“

AM 3

„Zuerst liebkoste er mich mit tausend Gnaden,
schlussendlich mergelte Er mich aus
mit tausenderlei Schmerzen.
Die Heiterkeit Seiner Liebe hat mit mir gespielt,
danach erfasste mich mein Tod zur Gänze
und Er schleuderte mich von dannen.“ Rub a 7

„Ich setzte mein Herz auf den Engpass der Heimsuchung.
Nur um hinter Dir herzulaufen, löste ich das Band am Bein.
Heute brachte der Wind den Duft von Dir, so schenkte
ich dem Wind aus Dankbarkeit mein Herz.“ Rub a 16

„O Herz, hier bist du und hier ist der Schmerz von Ihm,
und dies ist das eigentliche Heilmittel.
Nimm die Kümmernisse an und sprich nicht darüber,
denn so ist das Gebot.
Wenn du den Kopf deiner Wünsche ein klein wenig senkst,

hast du sogleich die Kehle deines Triebseelen Hundes
gewürgt; denn darin liegt das Opfer.“ Rub t 37

„So der Geliebte mir die Haut über den Kopf zieht,
klage ich nicht, denn dieser Schmerz ist von Ihm.
Uns ist jeder Feind, nur Er ist der Freund.
Es ist nicht gut, über den Freund bei Feinden zu klagen.“ Rub t 93

„Wo gibt es wohl einen Hilfloseren als
einen Liebenden ohne Geduld und Ausdauer?
Diese Liebe ist solch ein Schmerz, dass es hierfür
kein Heilmittel gibt. Die Abhilfe für den Liebesschmerz ist
weder geizig noch freigiebig; in der wirklichen Liebe ist
weder Beistand noch Fernhalten[98].“ Rub t 237

„Man sagt zu mir: Wozu all dieser Schmerz?
Zu was all dies Himmelsschreiende und all dies Gestöhne?
Sprich nicht in dieser Weise, dieses Wort ist falsch.
Ein Blick auf dieses mondgleiche Gesicht
und dein Argwohn schwindet sogleich.“ Rub t 297

„An dem Tag, wenn dein Herz durch den Geliebten
schmerzerfüllt ist, ist es von nöten, die Seele
tausendfach aus Dankbarkeit hinzugeben.
O gewürdigter Mann, am Weg der Liebe
und Verliebtheit kannst du nicht ohne Dankbarkeit
die Ohrfeigen der Wohltätigen erhalten.“ Rub d 42

„Wir wollen es und andere wollen es ebenso.
Lasst uns sehen, wessen Los es sein wird,
wem das Glück den Weg bereitet.
Sein Kummer hat spielend den Verstand und
das Wohlverhalten und alles, was es an schlechten
Dingen gibt, von uns fortgenommen.“ Rub d 61

---

98 *vefâ*: Andauern, Beständigkeit, Beistand; *cefâ*: Fernbleiben, Entbehrung;

„Dein Antlitz wendet meine Nacht zum Tag.
Dein Atemhauch macht die Haarlocken zur Führung.
Hunderte Blinde gelangten in Deinem Viertel des Leides
zu Gewinn und Vermögen.
Sag, wenn dort eine Nacht vergoldet ist,
ist dies die Sache nicht wert?“ Rub d 93

„Krank bin ich, das Leid fährt fort, mich zu zerstören;
und doch ist das Leid von Ihm erfrischend und verjüngt mich.
Doch während ich an dieser eigenartigen Sache kranke,
ist das, was ich außer diesem Leid zu mir nehme,
zu meinem Nachteil.“ Rub d 133

Der Liebesschmerz ist für den nach ihm Strebenden ein viel weiter gehender Zustand und ist mehr als eine Quelle von Kummer und Leid. Wir setzen fort mit den Worten Mevlânâs über den vom Geliebten hervorgerufenen Schmerz und dessen Not:

„Wäre nicht dieses Meer der Reinigung und Klärung,
würde unsere Perle ein Stein sein.
Würde man das Universum nicht mit der Seele vorfinden,
wäre die Seele wie auch das Universum zu eng für uns.
Die Heimsuchung, die vom Freund kommt,
ist die Politur für Seele und Herz.
Ergreife sie mit deinem ganzen Sein,
so wirst du vom Schmutz und Rost gereinigt.“ Rub d 135

„Mein Wunsch ist es, dass mein Herz mit dem Blut
des Leides von Dir angefüllt ist.
Wie gut ist es, wenn es das Leid von Dir erreicht.
O Herz des Liebenden, komm zu dir selbst.
Umarme dieses Leid von Ihm, drücke es an deine Brust.
Schließe deine Augen und öffne sie, und du wirst sehen,
dass der Kummer von Ihm Er selbst geworden ist.“ Rub d 157

„Im Herzensbrand der Liebenden sprühen die Funken,
vom Herzen ist in ihren Herzen ein Schmerz offenkund,
vom brennenden Herzen der Verbrannten sind Seufzer
zu vernehmen, jedoch vergehen diese Seufzer an der
Tür Seiner Barmherzigkeit.“ Rub d 192

„Vergnügt bin ich, denn für das Leid von Dir
ist in meinem Herzen genug Platz.
Vergnügt bin ich, denn das Leid von Dir
passt nur zu einem lichten Ort.
Dieses Leid, für welches weder in den Himmeln
noch auf Erden genug Raum ist, passt doch
in ein Herz von der Größe eines Nadelöhrs.“ Rub d 195

„Das Glück der Zeit kam wegen des Leides nicht
und zog vorüber. Außer dem Kummer vom Freund
gab es kein Heilmittel für mich.
Ich sprach: Was werde ich zu Ihm sagen, wenn
ich Ihn sehe. Als ich Ihn jedoch traf und sah,
blieb mir der Atem weg.“ Rub d 196

„Deine Seele muss, um ein Vertrauter zu sein,
stets an der Türe und ihrer Schwelle das Herz
mit Leid und Seufzern erfüllen.
Du wirst von dir selbst und deiner Existenz
keinen Weg zu uns finden können;
stets musst du den Weg von uns zu uns finden.“ Rub d 269

„Du bist Seele, und so ist auch jede lebende Person
dem Leid der Seele unterworfen; was ein Mensch
auch hat, er ist unter ihrem Einflussbereich.
Die Seele, die du wie mit einem Messer in Schach hältst,
oder sogar mit einem Schwert schlägst,

wird die Zähne zusammenpressend durchhalten
und mit dir im Kampf verbleiben.“ Rub d 340

Ohne Zweifel kann die Frage entstehen, warum eine derartige lobende Empfehlung von Schmerz und Entbehrung von Seiten der Liebenden gewöhnlich mittels inständigen Flehens erwünscht wird. Da in der islamischen mystischen Literatur Schmerz und Kummer als ein Herannahen des Geliebten und als ein innerlicher Göttlicher Dialog[99] erachtet wird, kann das Aushalten des Schmerzes als eine Belohnung angesehen werden. Denn im Durchhalten dieses Leides und Schmerzes liegt kein Überdruss und keine Beschwernis, sondern es gibt darin im Gegenteil einen Vorgeschmack für die Freude. Folgender Vierzeiler, der dieses Thema beleuchtet, berichtet uns über den Beistand:[100]

„Ich erwünsche diese staubige Erde,
die von Deiner Luft aufwehend herannaht –
ja, vielleicht sogar in meine Augen,
denn diese Erde kommt von Deinen Fußspuren.
Meine Seele erfreut sich auch der Entbehrung
und versetzt mich in gute Laune, denn auch
von dieser Entbehrung entnehme ich
den Duft Deines dauernden Beistandes.“ Rub d 353

Mevlânâ gemäß tritt der dauernde Beistand an die Stelle der Entbehrung, so wie das Erscheinen des Essentiellen anstelle des Schattens des Essentiellen. Dementsprechend verbleiben das Wesen und die Wahrheit an der Stelle des Schmerzes:

„Ich sagte: Mein Herz gewöhnte sich an das Leid von Ihm.
Was für ein Glück, wenn mich Sein Leid erreichen kann.
Komm zu dir selbst, Herz des Liebenden,

---

99 *münâcât;* **100** *vefâ;* siehe Fn 98;

umarme das Leid von Ihm, drücke es an die Brust.
Schließe und öffne deine Augen, und du wirst sehen,
dass der Kummer von Ihm Er selbst geworden ist."

Rub d 408

Das Leid hat sich gewandelt und wurde Er selbst. War es nicht Er, der von Anfang an gesucht worden ist? In diesem Fall hat der Derwisch das, was er gesucht hat, im Leid gefunden. Darum beten die Mevlevî-Derwische füreinander: „Gott möge deinen Schmerz erhöhen."

„Folgendes wurde von Scheich Sinâneddîn aus Akşehir überliefert: Eines Tages erbat ein Derwisch von Mevlânâ die Erklärung des Ausspruches: ‚Meine Freunde sind unter Meiner Kuppel.'[101] Nach einigen Erläuterungen gab Mevlânâ Folgendes von sich: ‚Wenn du mit den Freunden Gottes und trunkenen Derwischen Gespräche führst, nimm sowohl das an, was von ihrem Verhalten zu deiner Veranlagung passt, wie auch das, was an entgegenkommender Feinheit deinem Verhalten entspricht. Belasse aber die Dinge, die dir von ihren Handlungen und ihrem Verhalten nicht gefallen und zuwider sind, bei ihnen. Besprich dies nie vor dem Volk, damit sich das Schlechte darin nicht verbreitet. In der Tat, wenn sie nicht die Kuppeln des schlechten Verhaltens hätten, könnten sie nicht in dieser Welt verbleiben, sie würden sogar sogleich sterben oder sich gar mit den geheimen heiligen Hütern[102] und Unsichtbaren vermengen. Um des Guten der Menschheit und des Fortbestehens der Welt willen hat Gott sie unter die Kuppel der Mängel gestellt, sodass die das Gute vom Schlechten unterscheidenden Liebenden und die Ungläubigen, die diese Fähigkeit verloren haben, auf einer unter-schiedlichen Stufe vorgefunden werden. ‚Gott scheidet das Gute vom Schlechten.'[103] Die Nüchternen versuchen ständig, das im Außen Ersichtliche einzuordnen und die Menschen zu korrigieren. Die Trunkenen wiederum bemühen sich, die äußerlich ersichtlichen Dinge aufzuheben. Sie sind die Zwanglosen. Aus diesem Grund sind die Vernünftigen nüchtern und die Liebenden trunken. Die Größten der Gereiften sind nüchterne Betrunkene. Das Äußere und Innere zu korrigieren, liegt in ihrer Hand. Die

101 Vom Propheten übermittelter außerqur'ânischer Ausspruch Gottes;
102 *abdâl*; **103** Q 8:38;

Trunkenen leben angenehm, die Vernünftigen jedoch sind unter den Mühen der Welt erdrückt. Die Anderen verbleiben trunken in den Armen der Wahrheit." AM 3:528

„Es gibt einen Mond, weder oben noch unten, wo ist er wohl?
Es gibt eine gültige Münze, sie ist weder bei
uns noch nicht bei uns, wo ist sie wohl?
Sag nicht: hier - hier; sag die Wahrheit: wo?
Das Universum ist zur Gänze Er, aber wo ist Jener,
der ohne uns, ohne Ich ist?" Rub t 301

In allen Sufi-Systemen ist das angestrebte Ziel die Wahrnehmung, dass alles Er ist, und dass diese Erfahrung erlebbar ist.

„Tausende sind bemüht Dich zu erreichen,
aber wer wird diese Gelegenheit haben,
wer wird Dich erreichen?
Der Findende gelangt zur einer vollständigen Ruhe.
Dem Nichtfindenden gereicht die Mühe,
die aus dem Nichtfinden entsteht." Rub t 304

Die Gottesliebe und das Verweilen darin zu erreichen, wird als höchste Freude angesehen. Die darin befindliche absolute Ruhe wird von Mevlânâ in einer sehr schönen Weise zum Ausdruck gebracht:

„Das Herz hat Dich nicht bei der Hand genommen,
denn Du hast dich nicht an das Herz geheftet.
Wenn das Herz jemanden bei der Hand nimmt,
erreicht ihn kein Erdenschmerz.
Nie nahm mein Herz eine andere Natur als die
des Herzens an. Ich habe nichts in den Händen,
aber dieses Nichts brachte mich zu einem Weg der Fülle."

Rub t 310

Zu den bedeutendsten Ratschlägen, die ein Derwisch entgegennimmt, gehört, die Wichtigkeit des Herzens voranzustellen. Denn worauf kann man sich verlassen, wenn man, ohne fehlzugehen, sein Ziel erreichen möchte? Mevlânâ gemäß ist es das Herz.

„Die Wahrhaften, die den Weg sehen, erkennen
Deine Geheimnisse. Aber es liegt in ihrem
Gnadenwirken, dass sie nicht die Schleier der Anderen
zerreißen. Und genauso, wie die Zeit voranschreitet,
gehen sie voran. Und in toleranter Weise schweigen sie."

Rub d 13

Bei Mevlânâ kommt es offenkund zum Ausdruck, dass es zu jeder Zeit die Starken Gottes gibt, die die Wahrheit sehen und erkennen, obgleich sie selbst nicht erkannt werden wollen.

„Wenn die mit dir Sitzenden und sich Erhebenden
wahrhaft Starke sind, verweile mit ihnen.
Sie werden deine Trübheit klären und deinen Nebel lichten.
Mach dir keine Gedanken über ihre Mängel und Fehler,
denn bevor du deinen Gedanken denkst,
haben sie ihn erkannt und verstanden." Rub d 18

Der Telepathie genannte Austauschvorgang von Gedanken zwischen Menschen wurde von Seiten der Wissenschaft bis vor Kurzem nicht anerkannt. Indessen werden heute zu diesem Thema Laborversuche und Ähnliches unternommen. Ja, darüber hinaus sind in den zwischenmenschlichen Beziehungen telepathische Vorgänge in positiver wie negativer Form in Anwendung. Mevlânâ betont Jahrhunderte zuvor dieses Thema und erwähnt in dem genannten Vierzeiler diese hohe Fähigkeit der Gottesfreunde.

„Solange du bei dir selbst bist,
werden sie dir den Weg zu dir nicht freigeben.

Aber so du zu nichts wirst,
werden sie dich nicht aus den Augen lassen.
Wenn du wahrhaft von den zwei Welten gereinigt bist,
werden sie sodann mit dem Zeichen des Nichtseins
auf dich weisen.“ Rub d 30

Ein viel behandelter Grundgedanke im Sufismus ist der, dass die Möglichkeit grundlegende und unwandelbare Wahrheiten zu erreichen, im Eigentlichen darin besteht, sich von oberflächlichen Überlegungen zu reinigen. Mevlânâ stellt die Bedingung, dass der auf dem Weg der Wahrheit Reisende sich vollständig von der Selbstsucht zu reinigen hat.

„Geh nicht alleine, es gibt viele Wegelagerer.
Du hast eine Seele, doch die Feinde deiner Seele
sind zahlreich. Zum Feind deiner Seele sagst du Seele
und belegst ihn mit dem Namen des Universums.
Doch solche Narren wie dich gibt es viele in der Welt.“ Rub d 31

Die Annahme des Derwischtums und des gewählten Führers, und damit die Qualität des Wegzeigenden, sind für den Derwisch außerordentlich wichtig. Deswegen ist es sowohl notwendig, nicht alleine zu gehen, als sich auch mit einem guten Führer auf den Weg zu begeben.

Ebenso sagt Mevlânâ, dass er ein Diener auf dem Weg unseres erhabenen Propheten Hz.Muhammed (Gottes Friede auf ihn) ist und sich in dessen Gedanken und praktische Anwendung vertieft hat. Mittels des daraus entstandenen sufischen Verständisses und seiner Systematik ist es gewiss, dass hiermit viele Schüler zur Wahrheitsnähe gelangt sind. Sie sind bei Stationen, die sie weder zu erkennen noch zu erreichen glaubten, angekommen und erfassten diese. Demgleich erlangten einige Menschen, im Sinne der Einsheit der Existenz, das Aufgehen und Verweilen in Gott:

„Ich bin ein Diener und Sklave der sich
selbst kennenden Gemeinschaft.
Sie sind es, die in jedem Atemzug ihre Herzen
vom Fehlgang bewahren.
Von ihrem Wesen und ihren Eigenschaften ist ein Buch
hervorgegangen; sie benennen das Inhaltsverzeichnis
dieses Buches mit: Ich bin Gott.[104]" Rub d 62

Um die Einheit zu erreichen, bedarf es von Seiten des Menschen einer einzigen Sache: die materielle Existenz aufzuheben, nichts zu sein und in diesem Nichtsein zur Gänze zu verweilen:

„Du bist ein Nichts. Leere bist du, aber deine Leere,
dein Nichtsein, sind besser als die Existenz.
Du bist im Verlust versunken, aber dieser Verlust
ist zur Gänze ein Gewinn.
Du sagtest, dass in deiner Hand nichts als Erde ist.
O meine Seele, die gesamten Himmelssphären
beneiden die Erde in deiner Hand." Rub d 68

Die Hinwendung der seelischen Aufopferung an den Geliebten bleibt nicht ohne Antwort. Vom Blickwinkel der Gnadengabe, die diese Antwort hervorbringt, ist es wert ein Leben hierfür einzusetzen:

„Mein Gesicht erlangte eine Schönheit von Deinem Gesicht.
In meinen Augen ist ein Traumbild von Deinem Gesicht.
Reines Wasser mündet von Dir in meine Brust.
Heute ist eine Reife in unserem *semâ*'[105]." Rub d 72

---

104 Bekannter ekstatischer Ausruf des Sufi-Märtyers Mansûr al-Hallâdsch (m. 922): *Ana l-Hakk* – ‚Ich bin Gott, der Wahre.' Es ist ein Ausdruck der völligen Durchdringung Gottes im Menschen. **105** Gottegedenken und Gottessanrufung mit Musikbegleitung und Gebetstanz, hier im Besonderen mit Drehtanz;

Gottes Gnade, die in jeder Hinsicht Seinen Göttlichen Zorn übersteigt, ist als Frohbotschaft der Zufluchtsort jedes Derwisches. An dieser Türe verliert sich jede Vorherrschaft an Hoffnungslosigkeit. Für den Derwisch ist die Hoffnungslosigkeit eine durch und durch negative Angelegenheit und er muss im geistigen Kampf gegen die Hoffnungslosigkeit andauernd in aller Entschiedenheit den Sieg davontragen:

„Über deine Gnade fiel kein Diener in Hoffnungslosigkeit.
Derjenige, den Du angenommen hast,
wird als ein Immerwährender anerkannt.
Hat nicht das Staubkorn, das Deine Gnade
in der Dauer eines Atemzuges erlangt hat,
Tausende von Sonnen im Zustand des Schönen
und Guten überstiegen?" Rub d 78

„Wenn Dein trunkenes Liebesspiel in Erscheinung tritt,
macht Deine Gnade selbst einen Marmor zum Geliebten ..."
Rub d 80

Damit die Hoffnungslosigkeit durch die Gnade ersetzt werden kann, ist es notwendig, dass der Derwisch auf diesem Weg standfest ist und sein Denken und Sehen nicht vom Herzen abwendet:

„Ändere nicht den Standort des Herzens,
denn sonst ziehst du an Ihm vorüber.
Sieh auf nichts anderes als das Herz,
denn sonst gehst du verloren.
Ja, da gibt es diese Versammlung,
die paradiesähnlich dich selbst vergessen lässt.
So mach dich nicht ohne deine Trunkenheit auf den Weg,
denn sonst verdirbst du und wirst verstreut." Rub d 77

„Wie sollte das Herz, das die verborgenen Schönheiten
erschaut, auf die Güter dieser Welt sehen.

Dieses Herz wird sogar am Todestag überdrüssig sein
durch die Augen auf die Seele zu schauen.“ Rub d 94

Mit der Wahrnehmung des Herzens und der mit dem Herzen in eine Gleichheit fallenden äußeren Welt eröffnet sich dem Derwisch ein völlig neuer Horizont. Mit dieser Sichtweise beginnen die Geheimnisse Gottes als Quellen der Segenskraft nach außen hin überzufließen. In dieser Betrachtung verändern sich nunmehr die Warum-, Wieso- und Wie-Formen. Hiermit erscheint eine Uneigentümlichkeit und Eigenschaftslosigkeit. Darum schlägt der ersichtliche Zustand, der zuvor im Verborgenen war, in eine ihm spezifische Freude nach außen hin durch:

„Die Seele wandte ihr Angesicht dem gesegneten
Universum zu. Das Herz zog am ‚Wie‘ und ‚Warum‘ vorüber,
es nahm die Richtung der Uneigentümlichkeit
und Eigenschaftslosigkeit.
Dieses Geheimnis war bis jetzt zur Gänze verborgen.
Es kam hinter tausend Schleiern hervor
und ist nun offensichtlich.“ Rub d 143

Einige Mystiker behaupten, dass in der geistigen Entwicklung mittels der zuvor erwähnten höheren Wahrnehmung[106] die Kraft des Göttlichen Freundes geschaut wird. Mevlânâs Aussagen bestätigen dieses Merkmal:

„Wenn das Dämmern der Gottesliebe beginnt,
fangen die Seelen in den Körpern der Liebenden zu fliegen an.
So kann der Mensch, wenn er solch einen Ort erreicht,
in jedem Atemzug, ohne das Auge anzustrengen
und ohne etwas vor Augen zu haben, den Freund sehen.“

Rub d 153

106 *müşâhede*, visionäre Wahrnehmung, Schauung; **107** *ehl-i hâl;*

Die Idee, dass der Verstandesgedanke an die Existenz gebunden ist, hat alle Menschen der mystischen Erfahrung[107] dahin gebracht, den Verstand zu überwinden. Da beginnt mit der Reinigung von den Einflüsterungen der Triebseele eine Lebensfreude, die Hand in Hand mit einem Wissen hierüber einhergeht:

„ ... Sogar der Verstand, der die Stadt der Existenz regiert,
wird, wenn er in Dein Viertel kommt, verrückt.“ Rub d 159

Das Angestrebte ist ein Gefühlszustand, der mit Wissen und Liebe erreicht wird. Für diese Verwirklichung ist es notwendig, danach zu suchen, sich darin zu üben, seine eigenen Erfahrungen zu machen und sich darum anzustrengen. Ansonsten kann dessen Wert nicht erkannt werden:

„So du nach der Perle suchst,
wirst du sie nicht an der Quelle finden.
Der Perlensucher muss in die Tiefe des Meeres tauchen.
Diese wertvolle Perle steht jenem zu,
der in das Wasser des Lebens eintaucht,
und ohne Wasser wieder hervorkommt.“ Rub d164

In des Derwischs Augen haben die Güter der Welt nicht ein Körnchen Wert. Die Güter können unter seiner Verfügung stehen, so als wollte er sie, doch ist er nicht ihr Sklave und Diener:

„Der die verborgenen Geheimnisse
verschenkende Derwisch spendet in jedem Atemzug
ein Land und ein Königreich.
Derwisch ist nicht jemand, der Brot erwünscht,
Derwisch wird der genannt, der seine Seele spendet.“

Rub d 166

Es gibt einige anerkannte Prinzipien im Derwischtum, die der Menschheit gegenüber wohl gesonnene Gedanken hervorbringen, so etwa die Liebe, der Respekt, das wohl angebrachte Sprechen, die Bitte um Erlaubnis zum Aufbruch und Weiteres. Der Gedanke anderen zu helfen und die Handlung daraus, die zu den Erfordernissen des Menschseins gehört, sind ebenso Teil der grundlegenden Leitsätze des Derwischtums:

„Geh, tue Gutes, die Zeit kennt das Gute.
Er vergisst die guten Taten der Guten nicht.
Die Güter eines jeden bleiben zurück, so auch deine.
So ist es besser, anstelle deiner Güter dein Gutes
zurückzulassen.“ Rub d 181

In einer Gotteshymne, die Seyyid Nesîmî[108] zugeschrieben wird, ist die Gottesliebe beschrieben worden:

„Komm, komm, lass uns brennen im Feuer der Gottesliebe.
Lass uns zur Gottesliebe entflammen.
O mein König, verzeih mir meine Sünden.
Das Brennen im Feuer der Gottesliebe ist ein Segen.
Die Menschen der Gottesliebe sterben nicht,
sie verfaulen nicht in der Erde.
Wer nicht brennt, kennt nicht das Feuer der Gottesliebe.
Seyyid Nesîmî verließ dieses Abbild, verbrannt hat
das Feuer der Gottesliebe diesen Körper.“ Seyyid Nesîmî

Wie zuvor gesehen, haben die Menschen der Gottesliebe einige Vorrechte. Es ist das Ergebnis der Zufriedenheit, die Gott mit ihnen hat.

„Dem Verstand bin ich Diener und Sklave,
der wegen Seinem Antlitz völlig verrückt geworden ist.
Wegen Seines Antlitzes füllte sich das Herz mit Blut,

108 aserbaidschanischer Sufi-Dichter im 15.Jh.;

und dies hat den Wert von hundert Seelen.
Bei Gott, selbst das Wasser des Lebens beneidet die Tränen,
die von den Augen der Liebenden fließen.“ Rub d 240

Die Grundlage der sufischen Sichtweise ist die unbezweifelte Annahme der Existenz Gottes, Seiner Einheit und Seiner Unveränderlichkeit. Dies geht zur Gänze aus der islamischen Sichtweise hervor und ist eine Form der in den Alltag integrierten, gesegneten Lebensführung:

„Was ist die Wirklichkeit in Bezug zum Licht Gottes?
Was ist Zweifel? Was ist noch all das Süße und Salzige,
wenn Gottes Annehmlichkeiten eintreffen?
Selbst die Sonne ist hiervon beschämt und verbirgt sich.
Was sind schon die Lichter, die übrig bleiben?“

Rub d 329

Nach der Annahme der Einheit Gottes ist das geistige Ringen[109] notwendig, um Ihn zu erreichen. Das Ergebnis des geistigen Ringens bewirkt den Beginn der allmählichen Reinigung der als *vesvese*[110] bezeichneten Hindernisse.

„Lass dich nicht gehen,
die Einflüsterung macht dich willfährig;
wie eine Schlange lenkt und verhext sie dich ...“

Rub d 242

„Lass nicht zu, dass der Schmerz sich an deinem Saum festhält,
oder dass die Einflüsterungen der Welt sich an dich heften.
Schreite voran, bevor der Erlass Gottes kommt und deinen
Mund schließt. Nimm Tag und Nacht den Trank der Gottesliebe zu deinem Mund und trink diesen Liebestrank.“

Rub d 243

---

109 *mücâhede*; **110** negative Einflüsterungen und Suggestionen;

Der Wahrheitsreisende unternimmt eine Reise von außen nach innen, von der Vielheit zur Alleinigkeit, vom Schmutz zur Reinheit, und versteht schließlich, dass alles bei ihm selbst zu einem Ende kommt. Demgemäß ist es auch so, dass der Mensch, indem er sich selbst erkennt, seinen Herrn erkennt. Und mit dem Erkennen seines Herrn ist er in seiner Liebe mit Ihm gleich, indem er sich der All-Einigkeit bewusst ist. Mit dem Erscheinen dieses Genusses wird Er (Gott) diese Person:

„O ihr auf der Welt umherwandelnden reinen Menschen,
warum seid ihr über jeglich Schönes so erstaunt?
Wenn ihr das, was ihr in der Welt sucht, in euch sucht,
werdet ihr es finden, und Ihn erkennen." Rub d 320

Mevlânâ vollführte seinen ersten Drehtanz, *semâ'*, zum Klang des Goldschlagens von dem Goldschmied Selâheddîn-i Zerkûbî aus Konya. Dieser Klang ließ ihn in Verzückung geraten. Mevlânâ hat seine Begeisterung ebenso mit Musik geschmückt. Die von ihm und seinem Vater Bahâeddîn Veled aus Horâsân mitgebrachten Musikinstrumente, wie Ney, Rebâb und Kudüm[111], wurden geraume Zeit gespielt und fanden hierdurch zu Ansehen. Die Welt verdankt der aus der Mevlevî-Musik hervorgegangenen klassischen türkischen Musik[112] viele Dinge. In die von Mevlânâ verfassten Vierzeiler, wie auch in sein *Mesnevî* fanden die Instrumente Rebâb, Ney, Kudüm, Tanbûr, Dâ'ire und Def[113] Eingang und waren auch Gegenstand einiger Gleichnisse:

„Der Meister schnitt vom Schilfhain ein Rohr,
öffnete ihm neun Löcher und gab ihm den Namen Adam.
O Ney, deine Klage kommt von diesen Lippen, aber sieh
auf die Lippen, die diesen Lippen den Atem gaben."

Rub d 249

111 Rohrflöte, Stabgeige und Kesselpauken; diese drei Instrumente waren über Jahrhunderte die einzigen Begleitinstrumente für die zeremonielle Drehtanzmusik, *Mevlevî-ayni* genannt. **112** Sie ist auch Teil der Makâm-Musik, der klassischen Musik des Vorderen und Mittleren Orients, und basiert auf Neunteltonstrukturen, die anhand von vorgegebenem Tonmaterial in jeder Makâm-Tonart spezifische Melodie-Entwicklungen anzeigen. Ihren Höhepunkt erhielt sie in der Osmanischen Epoche mit an die 400 *Makâm*-Arten. **113** Zu den zuvor genannten Instrumenten: Langhalslaute und Rahmentrommeln mit und ohne Zimbeln; **114** Isrâfîl, der Erzengel mit der Posaune des Jüngsten Gerichtes.

„Lauf schnell, denn der Semâ‘ der Geistwesen hat begonnen.
Der Klang der Trommel und der Ney haben sich wie Zucker
im Rohr miteinander vermengt ...“ Rub Ge 207

„Aus der Rebâb dringt Isrâfîls[114] Stimme hervor,
wie ein Kebâbgrill brät er die Herzen, hat die Herzen erfrischt
und ihnen wiederum neues Leben verliehen.
Die ertrunkene und erschöpfte Leidenschaft begann
aufs Neue, wie die Fische im Wasser zu tanzen.“ Rub Ge 66

„Heute sind wir wie jeden Tag zerstört und erschöpft.
Öffne gerade jetzt nicht die Tür zum Denken,
sondern nimm die Rebâb zur Hand.
Für jenen, dessen Gebetsnische die Pracht des Geliebten ist,
gibt es Hunderte Arten des Ritualgebetes, des Bittgebetes,
der Verbeugung und Niederwerfung.“ Rub Ge 67

„Weißt du, was die Stimme dieser Rebâb verkündet?
Sie sagt: Komm mir nach und erlerne den Weg. ...“ Rub Ge 82

„In dem innigen Wunsch, Dich zu erreichen,
ist mein Herz wie eine Rebâb, wie eine Rebâb ...“ Rub Ge 84

„Ich sagte: Mein Herz ist ein Instrument, ein Vermittler für mich.
Wie jede Rebâb erklingt das Herz gemeinsam mit mir ...“
Rub Ge 329

Mevlânâs völlige Begeisterung fand mit Drehtanz, Musik, Gaselen und Vierzeilern ihren Ausdruck. Er behauptet, dass Semâ‘ eine Möglichkeit ist, in der man von Göttlicher Verzückung erfasst die Wahrheit kostet:

„Der Wind des Semâ‘ läßt hunderte Wellen
des Herzensmeeres emporwogen.
Doch nicht jedes Herz ist würdig, den Semâ‘ zu schauen.
Die Glücklichen, die das Meer des Herzens erreichen,
geraten von diesem Wein außer sich und verleihen
diesem Semâ‘ die Wirklichkeit.“ Rub Ge 797

„Heute ist der Tag des Semâ‘; der Tag des Semâ‘
ist der Tag des Göttlichen Lichtes, es ist der Tag des Lichtes,
des leuchtenden Tages ... .“ Rub Ge 798

Nach Mevlânâs Tod wurde ihm ein Grabmal errichtet. Diese heilige Aufgabe wurde mittels der materiellen Hilfe von Emir Pervâne, seiner Gemahlin Gürcü Hâtûn, Sultan Veled und Celebi Hüsâmeddîn bewerkstelligt. Die baumeisterlichen Arbeiten sind von dem aus Tebriz stammenden Türken Bedreddîn, die Innenraumausschmückung ist von Selîms Sohn Abdülvahîd mit großer Liebe vervollständigt worden.

Es wurde eine Kuppel errichtet, die auf vier Elefantenfuß-Säulen ruht. Diese ist in 16 Segmenten unterteilt und ist nach außen hin mit Fliesen und nach innen mit gemeißelten Ornamenten versehen. Weiters wurde vom Baumeister Abdülvahîd ein Holzsarkophag entworfen, der über Mevlânâs Grab aufgestellt wurde. Die auf dem Sarkophag eingeschriebene Grabinschrift ist von Sadreddîn Konevî vorbereitet worden. Der aus Konya stammende Schreiner Hüsameddîn Muhammed, Sohn des Genâh, begann daraufhin in Feinstarbeit die Schrift auf gedörrtem, in Scheiben geschnittenem Walnussholz zu schreiben. Auf dem in kurzer Zeit fertig gestellten Sarkophag[115] wurde kopfseitig der Thronvers des Qu'râns[116] geschrieben und darunter ist folgende Grabinschrift verfasst worden:
„Im Namen Gottes, des Barmherzigen und Gnadenreichen ... Einzig von Ihm erbitten wir Hilfe. Das gute Ende ist für jene, die sich vor Sünden schützen. Gott ist außer den Grausamen niemandes Feind. Wer diesen Ort der Erholung und Heimstätte der Rast aufsucht, ist gesegnet. Dies ist die

115 Der Holzschrein befindet sich nun auf dem Grab des Vaters Bahâ'eddîn Veled, neben Hz. Mevlânâs Grab. **116** *âyetü l-kürsî*, Q 2:286;

Ruhestätte Mevlânâs. Er ist der Sultan der Wissenden aus Ost und West. Er ist das in den Finsternissen leuchtende, die Dunkelheit erhellende, strahlende Licht Gottes. Er ist der Imâm, Sohn des Imâms, die Säule des Islams und Inhaber der Macht und Freigiebigkeit. Er ist des Volkes Führer zu Gottes Frieden und Ehre. Nachdem die Beweise zusammengebrochen und zerstört wurden waren, erläuterte er aufs Neue die Zeichen des Glaubens, und nachdem die Merkmale abgetragen waren, verdeutlichte er wieder die Wege der Annäherung. Er ist in seiner heiligen Art der Schlüssel zur Schatzkammer des Gottesthrons, und mit seinen Worten werden die verborgenen Schätze des Erdenrunds zum Vorschein gebracht. Es ist er, der die Gärten des Volkes mit den Blumen der Wahrheit geschmückt hat und der das schöne Augenlicht des Neugeborenen ist. Er, der Geist der schönen Form, der das Kinderauge der Liebenden ist, hat die Nacken der Wissenden aus aller Welt mit den Halsbändern der Liebe behangen. Er ist jener, der das Rechte vom Unrechten scheidet. Er, der Beistehende, der die Geheimnisse des Qur'âns verstanden hat. Er ist die Achse der Wissenden um Gott."

Die Grabinschrift wurde in arabisch literarischer Weise geschrieben. Darunter wurde wie folgt fortgesetzt:

„Er ist der von den Welten Gesegnete, der die Geister des Universums Belebende. Er ist die Pracht der Wahrheit, des Volkes und des Glaubens. Er ist mit den Gottesboten der Erbe der Propheten, er ist mit den Freunden Gottes Abschluss der Inhaber der Vollkommenheit. Mit den erhabenen Rangstufen ist er der Träger der hohen Tugenden und großen Taten. Er ist Muhammed, der Sohn des Muhammeds, der der Sohn des Hüseyin aus Balch ist. Möge Gottes Segen und Frieden auf ihm sein."

„Auch wenn der Kummer das ganze Umfeld bedeckt,
ist jener, der sich in inniger Weise an die Liebe heftet,
frei von Kummer. Sieh auf das Staubkorn, es trat zur Liebe,
und war in das Spiel mit der Liebe dermaßen vertieft,
dass es in einen Zustand geriet, der beide Welten umfasst."

Rub t 124

„Wir sind die Liebenden der Liebe. Liebe ist die Erlösung. Die Seele ähnelt Khidr, die Liebe dem Lebenswasser. Wehe dem, der vom König der Liebe keine Ernennung erhielt. Was kann denn das Tier über die Zuckermine wissen?“

Rub t 138

„Der Verstand kam, um die Liebenden zu unterweisen. Er setzte sich auf den Weg und begann, ihnen den Weg abzuschneiden. Da er jedoch in den Köpfen der Liebenden keinen Platz zur Annahme seiner Ratschläge fand, küsste er ihre Füße und ging fort.“

Rub t 118

117 *hâl*;

Nachwort

Hz.Mevlânâ und seine zeitgenössischen anatolischen Heiligen haben sich mittels einer Form der nicht vom Alltag getrennten Geisteshaltung der Wahrheit angenähert. Ihre Vorgehensweisen, sich Gott mittels des mystischen Zustands[117] anzunähern und Gott mittels der Liebe zu erreichen, haben sie in ihren Büchern und in den Herzen der Wissenden zusammengefasst. Diese außerordentlich wertvollen Formeln sind durch Gottes Gnade bis in unsere Tage übermittelt worden und dadurch konnten daraus viele Herzensmenschen einen Nutzen ziehen.

Es ist unserer Ansicht nach ohne Zweifel so, dass unsere Versuche Hz.Mevlânâs Verständnis und seine Methode im Rahmen unserer Möglichkeiten zum Ausdruck zu bringen, nicht ausreichend sind. In unserem Ermangeln und unserer Armseligkeit vertrauen wir auf die verzeihenden Eigenschaften Gottes und Seiner Freunde.

Falls wir im Rahmen unserer Darlegungen etwas Nützliches erbringen konnten, erbitte ich, dass dessen Segen uns allen Wohltat und Liebe bringe und nebst diesem Wunsch sich ebenso Wohlbefinden einstelle.

R. Oruç Güvenç

APPENDIX

Zur Person Oruç Güvenç

Rahmi Oruç Güvenç wurde am 28. Juli 1948 in Tavşanlı, Westtürkei, geboren. Er erhielt bereits mit zwölf Jahren die ersten Sufi-Unterweisungen durch den charismatischen Meister Fazıl Güvey (m. 1969)[1], der ihn bis zu seiner Volljährigkeit begleitete. Güvenç ging nach Istanbul, studierte Literaturwissenschaft mit Schwerpunkt Philosophie an der Istanbuler Universität. Er lernte in dieser Zeit den Mevlevî-Eingeweihten und Gelehrten Turgut Söylemzoğlu[2] kennen. Söylemezoğlu führte ihn einige Jahre in der Mevlevî-Tradition. Güvenç spielte von Kindheit an Geige und begann in Istanbul die Rebâb-Geige, das Instrument Rûmîs, intensiver zu spielen. Er verfasste zu dieser Zeit die vorliegende Arbeit. Durch einen Traum wurde er zu dem Sa'dî-Meister Ziyâ Efendi[3] geschickt und erhielt nach speziellen Exerzitien die Lehrerlaubnis als Sufi-Meister von fünf Ordenswegen: Sa'dî, Uşşâkî, Bektaşî, Kâdirî und Rufâ'î. Später erhielt er auch die zweite Lehrerlaubnis der Mevlevî über Abdurrahman Yünel. Güvenç blieb seinem Leben hindurch den Ideen Mevlânâs verbunden und ließ die ursprüngliche Form des Semâ', wie sie in der Biographie Aflâkîs oftmals erwähnt wurde, neu aufleben. Er organisierte zwischen 3 und 114 Tagen dauernde Semâ'-Rituale, die ohne Unterbrechung des Gebetestanzes und der Musik währten.

Oruç Güvenç wurde von dem Medizinhistoriker Süheyl Ünver und dem Psychiater Ayhan Songar inspiriert, die Musiktherapie, wie sie tausend Jahre in den orientalischen Spitälern angewendet worden war, zu erforschen. Er verfasste 1985 seine Doktorarbeit der Psychologie über die alte Musiktherapie der Türken und setzte, beginnend in der Istanbuler Cerrahpaşa-Klinik, einige Prinzipien der alten Therapieform in die heutige Zeit über, wodurch er auch viele Interessenten gewann. Die Organisation TÜMATA (Türkische Musikforschung und Anwendung), die er mit der starken Unter-

1 Er war ein naher Schüler des Großmeisters Hüsameddîn Dagestânî (m. 1924). **2** Er war Schüler von Ahmed Celâleddîn Baykara, des letzten Großmeisters des Mevlevî-Konvents Galata, Istanbul. **3** Begründer des Sa'dî-Ordens ist Sa'deddîn Cibâvî (m. 1180) aus Syrien.

stützung seines Bruders Yaşar Güvenç 1978 gegründet und geführt hatte, kam in den Achtziger Jahren auch nach Europa. Eine Musiktherapie-Schule in Wien und später in Niederösterreich wurde mit Gerhard Tucek aufgebaut und gewann unter dem Namen Altorientalische Musiktherapie breites Ansehen. Sie fand als anerkannte Methode 2009 Eingang in das österreichische Musiktherapiegesetz.

Als Musiker erreichte er viele Menschen weltweit und lehrte in seiner Hingabe, wie unterschiedliche Musikrichtungen auf der Herzensebene belebt werden können. Seine Kenntnisse der klassichen türkischen Makâm-Musik waren gediegen. Er schuf darin eine neue Makâm, namens *Tarz-i vefâ*, schrieb zahlreiche Derwischhymnen mit eigenen Texten und interpretierte zentralasiatische Lieder gekonnt multiinstrumental. In der Musiktherapie integrierte er Bewegungsübungen mit pentatonischer Musik Zentralasiens, gestaltete Makâm-Tonalitäten improvisativ für Entspannungsmusik und war in der Makam-Musikwelt für sein gefühlstarkes Spiel auf der Geige (*kemân*) bekannt. Als Musiktherapeut bildete er Hunderte Menschen auf Rebâb, Ney, Ud, Geige, Dombra und Harfe in Instrumentenspiel, Repertoire, Rhythmik und Melodiegestaltung aus.

Oruç Güvenç litt seit seiner Kindheit an den Folgen einer Kinderlähmung und verstarb unerwartet am 5.7. 2017 nach einer Operation. Die deutsche Edition dieses Buches über Mevlânâ, dessen Original das einzige von ihm selbst herausgegebene Werk ist, wurde von ihm noch am 1.7. 2017 während des 114 Tage Semâ‘ in Gökçedere/Yalova gesichtet und gut geheißen.

In den ersten Begegnungen mit Oruç Güvenç 1991 vernahmen wir folgende Worte von ihm: „Wer zu Gott reist, wird zum Dichter und Musiker.“ Oruç Güvenç begann die Reise zu Gott in konsequenter Weise, war in dieser Welt bei Gott und wird nun in Gott dies fortsetzen. Welch ein Vorbild! Friede und Licht seiner Seele. Hû

Musik, Drehtanz und Rückzug am Weg Rûmîs[4]

Rûmî hatte ein besonderes Verhältnis zu den Künsten. Er betrachtete die Kunst als einen Ausdruck der Göttlichen Eigenschaft des Schönen. Die Verwendung der Dichtung, der Musik und des Tanzes für die direkte Gottesannäherung war auch in der Sufi-Tradition seiner Heimat Horâsân vorgegeben. Horâsân lag an dem Kreuzpunkt vieler alter Kulturen, von China bis nach Iran, von Indien bis nach dem Altai, und machte eine hohe Kunstfertigkeit offenkund. Ebenso hatten spirituelle Traditionen, seien sie schamanisch, zoroastrisch, buddhistisch, christlich-hellenistisch, jüdisch oder von muslimischer Prägung, einen Beitrag zu diesem Mosaik der Horâsân-Kultur gegeben. Rûmîs Welt war dem gleich ein schillernder Teppich voller unterschiedlicher kultureller Einflüsse und doch sah er das Eine dahinter. Dass die Musik hier eine essentielle Vermittlung zwischen den Menschen und vor allem zwischen Mensch und Gott leistete, war ihm voll bewußt.

Der Beginn des Hauptwerkes Rûmîs, des *Mesnevî-yi ma'nevî*, zeigt diesen Zugang. Der Legende nach zog Rûmî auf die Anfrage Ḥüsâmeddîns bezüglich des Abfassens eines didaktischen Sufi-Werkes aus seinem Turban die ersten 18 Verse des *Mesnevî*. Es sind die Zeilen des „Liedes“ von der *Ney*-Rohrflöte:

> „Höre auf die Geschichte der Rohrflöte,
> wie sie über die Trennung klagt:
> ‚Seit man mich vom Röhricht schnitt,
> hat meine Klage Mann und Frau zum Weinen gebracht.
> Ich suche nach einer von der Trennung zerrissenen
> Brust, der ich meinen Sehnsuchtsschmerz enthüllen kann.‘“
>
> M I :1-3

4 Auszüge aus: Denis E. Mete, *König der Herzen - Mevlānā Celāleddīn Rūmī*, silisle, Wien 2024.

Mit der Rede eines Musikinstrumentes ein literarisches Werk zu beginnen, mag befremdlich klingen – bedenkt man jedoch, dass Rûmî aus Zentralasien stammt, wo die Anrede an Instrumente im Schamanischen völlig gängig ist, und das sufische Konzept des *lisân-i hâl*, der Sprache des Zustandes, die durch alle Dinge zum Menschen spricht, vorhanden ist, zeigt dies, dass Rûmî sein Epos in alte Traditionen einzubetten wußte. Ein gegenwärtiges gutes Beispiel für diese beseelte Instrumentensicht aus den Volkstraditionen Zentralasiens findet man in der Arbeit von Theodore Levins *Hundred Thousand Fools of God.* Dort spricht ein Musiker seine *Dombra*-Laute singend und spielend an:

> „Sprich meine Dombra, sing meine Dombra.
> Zeig der ganzen Welt, was du vermagst, meine Dombra.
> Ein Gast ist heute zu uns gekommen, sing meine Dombra.
> Erzähl mir alles, was in deiner Seele ist, sprich meine Dombra.“[5]

Eine weiteres Beispiel in der orientalischen Literatur ist der frühosmanische Gedichtsepos *Çeng-nâme* von Ahmed-i Dâ'î (m. 1425), worin die Çeng-Harfe sich u.a. mit der Tanbûr-Langhalslaute unterhält.[6]

Die Bedeutung der Musik ist für Rûmî im Kontext des Schöpfungsaktes erklärt. Es ist ein Erklingen einer alten Frage Gottes: „Bin ich nicht Euer Herr?“[7] Und die Schöpfung beantwortet dies vor ihrer konkreten Einsetzung mit einem klingenden „Gewiß“ .

> „Es hallte der Urzeit-Ruf im Nichtsein
> und das Nichtsein sprach:
> Gewiß, ich setze meinen Fuß in jenes Land
> und will mich gar froh, frisch und grün zeigen.
> Denn es hörte Gottes Ruf,

---

5 Theodore Levin, *The Hundred Thousand Fools of God, Musical Travels in Central Asia.* Indianapolis 1996, p 152. **6** Aḥmed-i Dâ'î, *Çengnâme*, ed. Gönül A. Tekin, Harvard 1992. **7** Q 7:113.

zum Tanze wurde es und war berauscht,
vom Nichtsein kam es und wurde Sein
wie Herz, Tulpe und Feigen.“[8] *Dîvân*, Fu 1832

Oruç Güvenç interpretierte den Urzeitruf in dieser Weise: „Es ist Gottes erste Anrede an die Geschöpfe vor der Einsetzung, das ‚*Alastî bi rabbikum* – Bin ich nicht euer Herr‘ und die Bejahung der Menschheit, die diesen Klang des Göttlichen Dialoges stets in der Seele resoniert, bewirkt den Drang zum musikalischen Kommunizieren.“[9]

Rûmî öffnete in Konya vielen Musikern mit ihren Instrumenten und den Makâm-Musikstilen aus dem Horâsân-Kulturkreis die Türen und lud sie zu seinem Gebetsdrehtanz ein. Er selbst wie auch sein Sohn Sultân Veled spielten die Rebâb-Stabgeige.[10] In diesem schönen Vierzeiler zeigt er, wie sehr dieses Instrument für Empfindungen der Gottesliebe passend ist:

„Heute sind wir wie jeden Tag zerstört und erschöpft;
öffne gerade jetzt nicht die Tür zum Denken,
sondern nimm die Rebâb zur Hand!
Für jenen, dessen Gebetsnische die Schönheit des Geliebten ist,
gibt es Hunderte Arten des Ritualgebetes, des Bittgebetes,
der Verbeugung und Niederwerfung.“ Rub d 37

In diesem Gedicht zeigt er der Orthodoxie, die Musik als religiös bedenklich betrachtet,[11] und sich auf das Ritualgebet zu einseitig stützt, dass die Schönheit Gottes als Kriterium der Anbetung nicht zu vergessen ist. Das Eigenschaftspaar Gottes *celâl* und *cemâl*, die Allmacht und Schönheits-

8 Eine Übersetzung von Annemarie Schimmel aus: *Kulliyât-ı Şems*, Mevlânâ Celâleddîn, ed. Fürûzanfer; Tehrân 1959. **9** Lehrgespräch, Wien 16.9.2006. **10** Sultan Veled verfasste auch ein Lehrwerk mit dem Titel *Rebâb-nâme*, welches mit den Vorzügen der Rebâb beginnt. Güvenç unterstützte eine türkische Übersetzung des perischen Originals: Hz.Sultan Veled, *Rebâbnâme*, Konya 2012. **11** Die Diskussionen darüber begleiten die gesamte islamische Kulturgeschichte. Ein Höhepunkt der Kontroversen war im 17. Jahrhundert im Osmanischen Reich. Der Mevlevî-Großmeister Ismâ'il Ankaravî (m. 1631) schrieb darum nach Ahmed Gazalî (m. 1126) seiner *Bawâriku l-'ilmâ'* eine Verteidigung wider die Salafisten seiner Zeit, über die auf den Propheten bezogenen Ereignisse rund um Musik und Gebetstanz. Vgl. Ankaravî İsmâil b. Ahmed er-Rusûhî, *Mevlevilik ve Mûsikî*, Metin ve İnceleme Bayram Akdoğan, İstanbul 2009.

pracht, muss durch den Mystiker ausbalanciert werden.[11] Somit ist der Grund zur Beugung im Pflichtgebet nicht nur das befehlende Wort Gottes, sondern das Verneigen vor der unendlichen Liebe Gottes, und die Niederwerfung nicht nur die Akzeptanz und Unterwerfung gegenüber dem allmächtigen Schöpfer, sondern auch die völlige Hingabe der Existenz an den geliebten Bewahrer.

Dass in dieser Hingabe der Mensch sich selbst, durch den Schlag der Allmacht wie einen Ball im Polospiel erleben kann,[13] oder wie durch die zarte Liebesumhüllung als ein Streichinstrument diese Liebkosung wiedergibt, ist in den Gedichten Rûmîs wiederzufinden. Deutlich wird dies, wenn er sich selbst als Instrument, das von Gott gespielt wird, erfasst:

> „In dem innigen Wunsch Dich zu erreichen,
> ist mein Herz wie eine Rebâb ..." Rub F 1113

Doch ohne Gott, den Geliebten:

> „...Greife ich zur Rebâb und die Saite reißt ... " Rub F 87

Das Musikinstrument wird so zum Medium seiner Bitte an Gott. Es wird eine Gottespreisung und dient Ihm dazu, mit schönen Weisen zu erfreuen:

> „Ich sagte: Mein Herz ist mein Instrument, mein Vermittler.
> Ganz wie die Rebâb erklingt das Herz gemeinsam mit mir."
> Rub d 329

Die Ney-Rohrflöte gilt bei Rûmî als das Symbol für den erwachten Menschen.[14] In vielen Gedichten kehrt er zu dem Thema des Einhauchens der menschlichen Seele durch Gott mittels der Metapher der Flöte zurück. Die hohle Ney, leer gleich dem gereiften Mystiker, vermag die Weisen Gottes wiederzugeben. Dieses umgesetzte Ideal, welches den Menschen zum

---

12 Vgl.: Nacm ad-Dīn Kubrā, *Duft der Pracht und Öfnung der Macht,* silsile, Wien 2023. **13** Vgl.: Rûmî, M 4:1555. **14** Dieser Ansicht ist auch der Großmeister des *Ney*-Spiels Niyazi Sayın, Gespräch Üsküdar-Istanbul, August 2007. **15** Q 13:29.

selbstlosen Boten Gottes macht, bringt Segen in diese Welt. Dass die Bescheidenheit für solche Dienste Voraussetzung ist, wird im Qur'ân genannt:

> „Seid Mir gegenüber nicht überheblich,
> sondern kommt gottergeben zu Mir" Q 27:31

Dass dies „die schönste Heimkehr"[15] ist und der Bote sodann wieder zur Welt im Dienst zurückkehrt, ist ein Weg der Demut. Doch wird diese „Nachtreise der Seele" nicht von außen wahrgenommen. Auch im berühmten Mevlevî-Drehtanzritual *Mukabele*, welches in dieser Form bis ins 15. Jh zurückreicht, wird die Zeremonie des Drehtanzes vierfach unterteilt. Der letzte vierte Teil wird in der Tonart *Hicâz*, der Makâm der Demut, als Weg der Rückkehr nach der *theosis* vorgetragen.

Das Wirken Rûmîs wurde zunehmend ab den 50er Jahren des 13.Jh. mit seinen ekstatischen Drehtänzen, die er zuvor bei Şams von Tebriz erfuhr, und den dabei entstehenden Gedichten dokumentiert. So manche seiner berühmten Verszeile steht im Zusammenhang eines Geschehens:

„Ebenso übermittelte der zweite Abdü l-müm'in Şerefeddîn Osmân-i Guyende, der ein enger Gefährte Mevlânâs war, hochgeachtet in aller Welt und erstrebter Genosse von den Königen seiner Zeit: Eines Tages ging Mevlânâ in den Garten von einem der Angesehenen. Es fand dort ein sieben Tage währender Semâ' ohne Unterbrechung statt. Der ehrenwerte Gartenbesitzer war einer von den von Mevlânâ angenommenen Schülern. Da geschah es, dass der Bruder von Osmân im Geheimen Folgendes sagte: ‚Seit vielen Tagen brachte ich weder Fleisch noch Brot nach Hause. Wie mag es wohl den Meinigen ergehen?' Da griff Mevlânâ von der Mitte des Semâ' aus in sein Gewand und holte eine Handvoll neuer Silbermünzen hervor und warf sie in die Rahmentrommel der Musiker. Die Freunde schrien vor Schreck laut auf. Als sie nach dem Semâ' aufbrachen, zählten sie an die neunhundert Münzen. Ein Wissenschafter und Gelehrter seiner Zeit, der König unter den Gelehrten, der Astrologe Sadreddîn Merendî, Gott schenke ihm Gnade, vernahm diese Geschichte von Osmân-i Guyende und sagte: ‚Auch ich habe dies von ihm gehört. Und ich sah mit der Schau der Gewissheit (*'ayn al-yakîn*) und gelangte zur wirklichen Gewissheit (*hakk al-yakîn*).'"

Aflâkî, AM 459

Und hier das Gedicht im persischen Original und in Übersetzung, welches Rûmî beim Wurf der Münzen im Drehen rezitiert haben soll:

„*Ey 'âşikân, ey 'âşikân man hâk-râ gawhar kunam.*
Ey mutribân ey mutribân man daf-i şoma pur zar kunam."

„O Liebende, o Liebende, ich wandle die Erde zu Juwelen,
O Musiker, o Musiker, ich fülle dein Tambourine mit Gold."

Rub D 1374

Der Drehtanz war ein Wirbeln um Rûmîs kreative Mitte, aus der er Gottesschauung und Weisheit schöpfen konnte. Eine sehr gute Definition im Sinne der alten Philosophen über den Drehtanz gibt er uns in seinem *Mesnevî*: „Darum haben die Weisen auch gesagt, dass wir unsere Harmonien von der Drehung der Himmelssphären erhalten haben, und dass die von der Laute begleiteten Gesänge der Menschen die Klänge der Drehung der Himmelssphäre sind. Auch sagen die wahren Gläubigen, dass jeder unangenehme Ton unter dem Einfluss des Paradieses schön wird. [...] Wir waren alle Teile Adams, wir haben diese Melodien im Paradies gehört. Auch wenn Wasser und Erde uns zum Zweifeln gebracht haben, erinnern wir uns doch an etwas von diesen Melodien. Deshalb ist der *semâ'* die Nahrung der Liebenden. In ihm liegt die Vorstellung der Sammlung. Das Hören von Klängen und Melodien gibt den geistigen Vorstellungen Stärke, sie werden sogar zu Formen."

M 4: 733-37, 742-43

Rûmî weist in der letzten Zeile auf eine manifestierende Eigenschaft, die spirituelle Elemente in diese Dimension lenkt. Die Handhaltung beim Semâ' symbolisiert es: die rechte Hand empfängt nach oben gestreckt und die linke Hand gibt nach unten hin wiederum weiter. Die Sammlung, erwähnt im zuvorigen Gedicht, wird von den Sufis mit dem schönen Namen Gottes *al-Câmi'*, der Versammler, genannt. Der Mensch ist Ausdruck dieser Eigenschaft Gottes und allen Naturreichen, vom Gestein bis zum Tier, von den Planetenlogoi über die Cherubime zu den Elementarwesen und Engeln, ist der Mensch der Konzentrationspunkt dieser Welten. Im Semâ' wird diese zentrifugale Kraft aktiv und wundersame Dinge treten in Erscheinung.

In eben diesem letzten Vers des zuvorigen Zitats wird der Musik eine weitere außerordentliche Kraft zuerkannt, die durch die Präsenz der spirituellen Intention, *himma*, in der Imagination, *hayâl*, einen Transfer zwischen geistigen Inhalten und äußeren Formen ermöglicht.[16] Dieser spezifische Weg der Realisierung gibt dem Menschen eine besondere Möglichkeit, Gott, die Welt und sich selbst im Herzen zu erkennen.

In einemvon Oruç Güvenç zitierten Vierzeiler betont Rûmî, dass der Semâ' eine mit höchstem Respekt zu behandelnde Angelegenheit ist und mit dieser Einstellung können die Wirklichkeiten, die durch den Semâ' evoziert werden, sich in jedem Menschen manifestieren:

> „Der Wind des Semâ' lässt hunderte Wellen
> des Herzensmeeres emporwogen.
> Doch nicht jedes Herz ist würdig den Semâ' zu schauen.
> Die Glücklichen, die das Meer des Herzens erreichen,
> geraten von diesem Wein außer sich und verleihen
> diesem Semâ' die Wirklichkeit." Rub Ge 797

---

16 Man vergleiche u.a. die Konzepte bzgl. *'alem-i misâl*, der Welt des Bildhaften, bei Şâh Walî Allâh: J.M.S. Baljon, *A Mystical Interpretation of Prophetic Tales by an Indian Muslim, Shâh Walî Allâh's Ta'wîl al-aḥādīth*, Leiden 1973.Oder bei Ibn 'Arabī: W. Chittik, T*he Self-Disclosure of God, Principles of Ibn al-'Arabī's Cosmolgy*, New York 1998, pp. 332-339.

Der Semâ' als Ausdruck tiefer Sehnsucht des Geschöpfes nach seinem Ursprung bewirkt eine Reaktion aus der Welt des Urlichtes. Da diese Gebetsform durch Göttliches Licht erfüllt ist, ruft Rûmî aus der Mitte des Reigens uns in Verzückung zu:

> „Heute ist der Tag des Semâ'. Der Tag des Semâ'
> ist der Tag des Göttlichen Lichtes, ..." Rub Ge 798

Die Quelle dieses Lichts ist das Antlitz Gottes. Rûmî hat hierzu wohl die essentiellste Erklärung über den Ursprung des Drehtanzes zu bieten:

> „Setze deinen Fuß auf die Quelle des Lebenswassers.
> Dein Mond dreht sich immerzu, und
> wie das Firmament drehst auch du dich.
> In diesem Ihn anbetenden Strudel
> hast du eine Seele, die sich immerzu dreht.
> Bei der Seele und ihrem Drehen,
> durch Seinen Anblick dreht sie sich immerzu." Rub t 86

In vielen Semâ'-Zusammenkünften, die von Aflâkî dokumentiert sind, waren die drehenden Derwische und die Musiker ohne Unterbrechung drei, sieben oder sogar vierzig Tage und Nächte zusammen. Einige Zusammenkünfte wurden vorbereitet abgehalten, andere begannen spontan, wenn Rûmî von der Ekstase erfasst wurde. Dieses Geschehen aus dem Augenblick ist mit dem Wirken des Geistes, der wie der Wind weht, wo er will, verbunden. Da diese geistige Beweglichkeit von den Derwischen gefordert ist, werden sie auch Söhne des Augenblicks genannt. Aus der Offengeistigkeit heraus können sich dadurch sehr starke spirituelle Bewegungen in den Körpern ergeben. Diese sensible Achtsamkeit gegenüber den Bewegungen des Geistes und die hohe Konzentration auf die Präsenz Gottes im Herzen, gepaart mit der Beibehaltung äußerer Disziplin und alltäglicher Arbeit, macht diese Derwische zu Menschen mit großen Fähigkeiten. Şemseddîn Tebrizî beschreibt diese Sufis anhand ihres Verhaltens im Semâ':

> „Der Tanz der Gottesmenschen ist feinsinnig und gewichtslos.
> Du magst sagen, sie sind ein Blatt auf dem Wasser schwimmend.
> Im Innern sind sie ein Berg und hunderttausend Berge,
> aber äußerlich wie ein Strohhalm."
>
> Şemseddîn Tebrizî, *Makalât* 623

Nach zehn Jahren des Zusammenseins Salâheddîn Zerkûbîs und Rûmîs erkrankte Salâheddîn schwer und mit der Bitte, dass seine Bestattung ein *Semâ'*-Fest sein solle, verstarb er. Drehend mit Musik und Gebet wurde sein Leichnam zu Grabe getragen. Mit dieser Art der Beisetzung enstand eine eigene Tadition im Kreise Rûmîs,[17] die jedoch auch Irritation in Konya hervorrief. Aflâkî berichtet hierüber:

„Eines Tages wurde Hz. Mevlânâ bei einer Versammlung gefragt: ‚Von je her haben vor dem Totengebet eines Verstorbenen Qur'ân-Leser und Muezzins dieses Gebet eingeleitet. Was bedeutet zu eurer Zeit dieses Liedersingen und Trommelschlagen vor dem Gebet? Die Gelehrten der Gemeinde und die Rechtstheologen heißen dies nicht gut und benennen es eine nicht legitime Neuerung (*bid'a*).' Mevlânâ erwiderte: ‚Die Muezzins, Qur'ân-Leser und Rezitierer bezeugen vor der Bahre des Verstorbenen, dass dieser ein Gläubiger und Muslim war. Unsere Musiker bezeugen ebenso, dass der Verstorbene ein Gläubiger und Muslim war, aber auch, dass er ein Liebender war. Außerdem ist der Geist einer Person, der für Jahre in dem Gefängnis der Welt und der Grube der körperlichen Natur eingekerkert war und in der Kiste des Körpers eingesperrt war, durch die Gnade Gottes

17 Auch Oruç Güvenç wurde mit Drehtanz, *zikr* und Gotteshymnen am 6.7. 2017 auf dem Istanbuler Karacı Ahmet Friedhof beigesetzt.

befreit worden und kehrte zu seinem Ursprung zurück. Ist dies nicht ein Grund zur Freude, zum Semâ' und zur Danksagung? Und während jener seine Flügel ausbreitet, sich erfreut und Gott ersehnend zu Ihm zurückkehrt, ist es auch für die Anderen ein Grund, sich zur Selbstaufopferung und Beherztheit zu ermutigen. Denn unter normalen Umständen ist es so, dass wenn jemand vom Kerker befreit wird, ist es für die anderen ein Anlass zur Freude und ein Grund, ohne Besorgnis tausendfachen Dank und Preisung zu geben. In Wahrheit ist der Tod von einem unserer Gefährten so, wie gesagt wird:

> Da sie die Helden der Religion waren,
> war es auch eine Freude, wenn sie ihre Ketten sprengten.
> Sie liefen zum Reinigungsbrunnen der Verzückung
> und warfen ihre Fussfesseln und Ketten ab.
> Der zum König gehörende Geist entkam dem Kerker.
> Warum wohl wollen wir unser Kleid zerreißen
> und uns schneiden.'" Aflâkî, AM 5:149

Eine weitere Tradition, die Oruç Güvenç in seinem Werk erwähnt, ist die Derwischklausur der vierzig Tage Rückzug, Halvet, mit starkem Fasten und intensivem Beten und Meditieren. Diese Methode der Annährung an Gott wurde duch 1400 Jahre Sufimus getragen und gehört zu den erfolgversprechendsten Wegen der Erreichung von Liebe und Weisheit, die aus Gott strömt. Leider wurde diese Tradition von vielen Derwischen und Lehrern am Sufi-Weg aufgegeben. Oruç Güvenç war jedoch ein Lehrer, der diese segensvolle Methode erhalten hat und seinen Schülern als unermessliche Hilfe weitergab. Gleich wie Rûmî ihrer zur Reifung bedurfte, hat Güvenç unter dem Meister Ziya Efendi 120 Tage Klausur praktiziert. Er lehrte uns Schülern diesen Weg der vierzig Tage und wir nahmen diese Möglichkeit oftmals mit Dank in Anspruch.

Der berühmte Satz des Großmeisters ʻAbdu l-Hâlik Gucuvânî[18]: „Mach Klausur unter der Leuten - *halvet dar ancuman*", heißt wohl, sich zuerst mit der Erfahrung des Halvets vertraut zu machen, um sodann diese Verinnerlichung im Alltag zu bewahren. Oruç Güvenç, als ein Vertreter der Einsheit des Seins, lehrte, dass die vierzigtägige Klausur als Vertrag zwischen Gott und den Menschen seit den Tagen des Propheten Moses, Friede auf ihn, eingesetzt wurde. Prophet Jesus, Friede auf ihn, ging für diese Zeitspanne in die Wüste und der Prophet Muhammed, Friede und Segen auf ihn, zog sich in die Höhle am Berg Hira zurück, wo er die erste Offenbarung erhielt. Somit sind alle abrahamitischen Religionen damit vertraut und bestätigen die Richtigkeit des zeitweiligen Rückzugs, um sich ganz dem Schöpfer zuwenden zu können. Die Alchemie des Herzens, die darin zugange ist, ist keine poetische Aussage, sondern eine Umdrehung der Lichter und Schlüssel zur energetischen Transformation eines Gottkenners.

In der Biographie Rûmîs finden wir diese Methode, die Rûmî oftmals angewandt hatte, bei seinen Schülern tief verankert, sowie weiter gepflegt bis ins 20. Jh. Mit dem Schließen der Konvente 1923 in der Türkei wurden die Kuppeln über den Drehtanzhäusern, *semâʻ-hâne*, wieder zum unbestimmten drehenden Firmament und ebenso die *halvet-hâne*, die Klausurzellen, zu stummen Gräbern der Gottergebenen.

> „*Derhâ eger beste şeved zʻîn hankâh-ı şeş derî*
> *ân mâhrû ez lâ-mekân ser der koned der revzenem*" [19]
> „Auch wenn die sechs Türen dieses Handelshauses
> geschlossen werden, so zeigt dieser Mondgesichtige aus dem
> Kein-Ort sein Haupt an meinem Fenster."
>
> Rûmî, *Dîvân-i Şems*

18 Er war im 13.Jh. der einflussreichste Führer der *Hocâyagân*-Bewegung Zentralasiens.
19 Dieses Gasel Rûmîs wurde vom großen *Mevlevî*-Komponisten Hammâmîzâde Isma'îl Dede Efendi (m. 1846) im ersten Abschnitt seines Drehtanzstückes *Ferâhfezâ Mevlevî-Aynî* vertont.

Bilder der Gottgeliebten

Das Grab Hz.Mevlânâs in Konya

Mevlevî-Konvent in Konya

Der Eingang zu seinem Grabmal

Hz.Mevlâna beginnt den Semâ‘ vor dem Laden des Goldschmieds Zerkûbî; aus *Sevâkib-i Menâkib,* Mesnevî-hân Mahmut Dede, Osman. Reich 17.Jh.

Hz.Mevlâna im Heizbecken des *Hamâm*s*;* aus *Sevâkib-i Menâkib*

Eines der ältesten Portraits Hz. Mevlânâs,
Miniaturmalerei, Osmanisches Reich 17.Jh.

Grabmal des Vaters Bahâeddîn Veled mit dem Holzschrein seines Sohnes Celâleddîn Mevlânâ

Kalligraphie *Yâ Hazretî Mevlânâ* in Form der Mevlevî-Filzkappe, genannt *sikke*, eines Scheichs

Drehtanz im Mevlevî-Konvent Galata, Istanbul 2015

Alî Fânî Dede[1] und Veled Çelebi Izbudak[2] Dede vor dem Grabmal Hz. Mevlânâs.

Das Grab Alî Fânî Dedes in Eyyüb Istanbul.

Text der Grabstele:
Letzter Meister der Bahariyye
Mevlevîhâne Alî Fânî Dede
1288–1375 (1871–1955),
Als mein Herr sagte: Dede, komm!
ging Fânî *Yâ Hû* sagend in den ewigen Rosengarten.[3]

1: Alî Fânî Dedes Gebetsbuch und Meisterkappe wurden Oruç Güvenç von Ziyâ Efendî übergeben und belegen ebenso seinen *Mevlevî-makâm*, Meisterrang der Mevlevî-Tradition. **2:** Veled Çelebi Izbudak verfasste die erste neutürkische Übersetzung des *Mesnevî,* er war der letzte Vorstand der Mevlevî-hâne Konya, aber auch Mitglied des *Türk Dilim Kurumu*, welche die Sprachreform der Türkei mitbegleitet hatte.**3:** Das Grab wurde im Auftrag von Neyzen-kutub Niyazi Sayın restauriert.

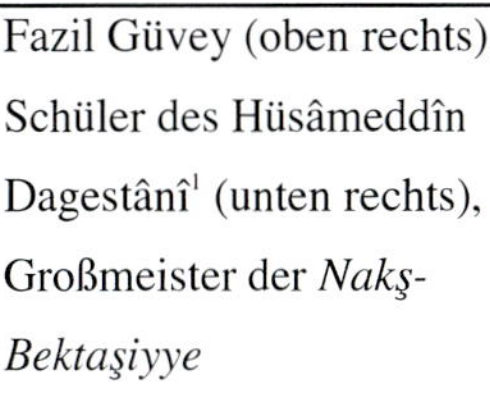

Fazil Güvey (oben rechts), Schüler des Hüsâmeddîn Dagestânî[1] (unten rechts), Großmeister der *Nakş-Bektaşiyye*

Turgut Söylemezoğlu, (oben links) Schüler des Ahmed Celâleddîn Dede[2] (unten links), letzter Vorstand der Mevlevî-hâne Galata, Istanbul

Ahmed Celâleddîn Dede

Oruç Güvenç, 27jährig, Rebâb-Geige spielend mit Turgut Söylemezoğlu an der Bendir-Trommel

1 Ahmed Hüsameddîn Dagestânî (m. 1923), war von sehr hohem spirituellen Rang.
2 Ahmed Celâleddîn Dede's Zeremonienmantel, *hirka,* wurde Oruç Güvenç über Abdurrahman Yünel überreicht. A.Yünel stammt aus der *Mevleviyye*-Linie der Stadt Bursa. Der Verlag Silsile bereitet die Herausgabe der Lehrgespräche Turgut Beys (Istanbul 1978) vor: Turgut Söylemezoğlu, *Einssein im Sein (vahdet fi-l-vücud).*

Rahmi Oruç Güvenç

v. l.: Bruder Yaşar Güvenç mit Târ, Oruç Güvenç mit Kopuz und seine Frau Andrea Azize Güvenç mit Bendir-Trommel

Rebâb-Geige

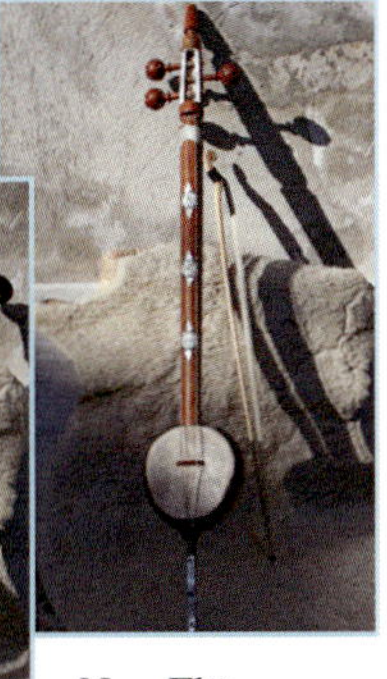

Ney-Flöten

Oruç Güvenç, 1980er Jahre

Semâ'- Mukabele
Innsbruck 2002

Semâ'- Drehtanz,
40 Tage währendes Ritual,
von Oruç Güvenç geleitet,
Gökçedere, Türkei 2007

BIBLIOGRAPHIE

Ankaravî, İsmâil b. Ahmed er-Rusûhî: *Mevlevilik ve Mûsikî*, Metin ve İnceleme Bayram Akdoğan, İstanbul 2009.

Baljon, J.M.S.: *A Mystical Interpretation of Prophetic Tales by an Indian Muslim, Shâh Walî Allâh's Ta'wîl al-aḥādīth*, Leiden 1973.

Can, Şefik: *Hz. Mevlânâ'nın Rubaileri*, T.C. Kültür Bakanlığı, Ankara 1990.

Chittik,W.: *The Self-Disclosure of God, Principles of Ibn al-'Arabī's Cosmology*, New York 1998.

Dâ'î, Aḥmed-i: *Çengnâme*, ed. Gönül A. Tekin, Harvard 1992.

Eflâkî, Ahmed: *Ariflerin Menkıbeleri* (*Menâkibü'l-ârifîn*), ceviren: Tahsin Yazıcı, İstanbul 1986.

Furûzânfar, Badî'uzzamân: *Kulliyât-ı Şams (Dîvân-i kabîr)*, Moûlânâ Calâl ad-Dîn, Tehrân 1959.

Ibn 'Arabi, Muḥyīddīn: *Divine Sayings, Mishkāt al-anwār, 101 Ḥadīth Qudsī*, Oxford 2004,

Koran, Der: übersetzt und kommentiert von Adel Theodor Khoury, Gütersloh 2007.

Kubrā, Nacm ad-Dīn: *Duft der Pracht und Öfnung der Macht*, Wien 2023.

Levin, Theodore: *The Hundred Thousand Fools of God, Musical Travels in Central Asia*. Indianapolis 1996.

Mevlânâ, Celâleddîn: *Rubâîler*, ceviren: A. Gölpınarlı, Ankara 1982.

Mevlânâ: *Mevlânâ'nın Rubaileri, Seçmeler,* ceviren: Nuri Gencosman, Cilt 1, Ankara 1965; Cilt 2, *Mevlânâ, Rubâiler II*, Ankara 1971.

Mıṣrī, Niyāzī-yi :*Ein Tropfen im Meer des Erstaunens, Osmanische Sufi-Dichtung im Dīvān des Niyāzī-yi Mıṣrī,* Teil 1, Wien 2018.

Nasr (Hg.), Seyyed Hossein: *The Study Quran, A New Translation and Commentary*, New York 2015.

Yardım, Ali: *Mesnevî hadîsleri*, İstanbul 2008.

Rumi in Originalsprache

Kulliyât-ı Şams (Dîvân-i kabîr), Moûlânâ Calâl ad-Dîn, ed. Furûzanfar; Tehrân 1959.

Kitâb-i masnavî-i ma'navî, Moûlânâ Calâl ad-Dîn, Elmi Verlag, Tehrân; o.Z.

Manâḳib al-'ârifîn, Ṣams al-Dîn Aḥmad al-Aflâkî, ed. Tahsin Yazıcı, Türk Tarih Kurumu Basımevi, Ankara, 1. cilt: 1959, 2. cilt: 1961.

Mevlânâ, Allahın Sevdikleri, R. Oruç Güvenç, Güryay Matbaacılık, İstanbul 1973.

Mesnevî, Mevlânâ Celâleddîn, Critical Edition by R.A. Nicholson, Leiden 1925-37.

Niyazî-i Mısrî ve Dîvânı
ed. Dr. Kenan Erdoğan, Akçağ Basım Evi, İstanbul 1998.

Rubâ'iyât-i Mavlânâ Calâladdîn
ed. Muḥammed Şîrâzî; Iṣfahân 1942 (H1320).

Yûnus Emre Divânı,
ed. Mustafa Tacı, Akçag Yayınları, Ankara 1998.

Rumi in Übersetzungen

Ariflerin menkıbeleri, Ahmed Eflâkî,
çeviren: Tahsin Yazıcı, Remzi Kitabevi, İstanbul 1986, 2 cilt,

Masnavi-i Ma'navi, Maulana Rumi,
Üb: E.H. Whinfield, London 1898.

Mesnevî, Mevlânâ Celâleddin,
Üb: R.A. Nicholson; Leiden 1925-37.

Acıklamalı Mesnevî Tercümesi, Mevlânâ Celâleddîn,
Üb: Şefik Can, T.C. Kültür Bakanlığı, İstanbul 1997.

Das Mesnevi, (1.Buch), Dschalaluddîn Rumi,
Üb: U. Full und W. Bahn, O.W. Barth, München 1997.

Matnawī, Moūlānā Jalāl ad-Dīn Rūmī,
Üb: Bernhard Meyer, Kaveh Dalir Azar; Verlag Kaveh Dalir Azar, Köln 1999. neu veröffentlicht: *Das Maṯnavī*, 6 Bde, shershir, Norderstedt 2012.

Mesnevi, Dschalaluddîn Rumi, Üb: Georg Rosen, München 1913.

Divân-ı Kebîr; Mevlânâ Celâleddîn,
Üb: A. Gölpinarlı, 5 cilt, Remzi Kitabevi, İstanbul 1955-60.

Dîvân-ı Kebîr, Seçmeler Cilt 1-4, Mevlânâ, hazır. Şefik Can, İstanbul 2015.

Ghaselen des Dschelalaeddîn Rumi,
Üb: Friedrich Rückert, Stuttgart 1913 (1. Druck: Becs 1838).

Hz. Mevlânâ'nın Rubaileri, Mevlânâ Celâleddîn,
Üb: Şefik Can; T.C. Kültür Bakanlığı Ankara 1990.

Mevlânâ Rubailer, Mevlânâ Celâleddin,
Üb: N. Gencosman, Milli Eğitim Basım Evi, Ankara 1971.

Mondenschöner, schlafe nicht, Rumi,
Üb: Udo v. Melzer, Hutterstrasser, Rosenzweig, Leykam, Graz 1999.

Nie ist wer liebt allein, Rumi,
Üb: Udo v. Melzer, Hutterstrasser, Rosenzweig, Leykam, Graz 1999.

Rubā'īāt-e Rūmī, Die Vierzeiler von Moulānā Jalāluddīn Balkhī-Rūmī,
Üb. aus dem Engl. Peter Finkh, shershir, Norderstedt 2016.
engl. Vorlage: *The Quatrains of Rumi*, Translated by Ibrahim Gamard and Rawan Farhadi, San Rafael 2008.

Rubailer, Mevlânâ Celâleddîn,
Üb: A. Gölpınarlı, Ajans-Türk Matbaacılık Sanayii, Ankara 1982.

Selected Poems from the Divân Shamsi Tabrîz Mevlânâ Celâleddin,
Üb: R.A. Nicholson;1898, repr. Bethesda 2001.

The Derwishpath and Mevlana, Dr. R.Oruç Güvenç,
Üb: N. Wright & R. Algan; Vaduz 1981 [Engl. Üb. des Werks].

The feats of the knowers of God (Manāqeb al-'ārefīn), Shams al-Dīn Aḥmad-e Aflākī, Üb.: John O'Kane, Brill, Leiden 2002.

Rumi, Past and Present, East and West, The Life, Teachings and Poetry of Jalâl al- Din Rumi, Franklin D. Lewis, Oxford 2000.

The Drop that became the Sea, selected lyrik Poetry of Yunus Emre,
Üb: R. Alga & K. Helminski, Threshold Press, Boston 1989.

Ausgewählte Gedichte von Yunus Emre,
Üb: Annemarie Schimmel, Önel-Verlag, Köln 1991.

Qur'ân und *hadîs*

The Study Quran, A New Translation and Commentary,
ed. Seyyed Hossein Nasr, New York 2015.

Der Koran, übersetzt und kommentiert von Adel Theodor Khoury,
Güterlsoh 2007.

Divine Sayings, Mishkāt al-anwār, 101 Ḥadīth Qudsī,
Muḥyīddīn Ibn ʻArabi, Oxford 2004.

Mesnevî hadîsleri, Ali Yardım, İstanbul 2008.

Sahih Muslim, Vol. 1-8, Imam Muslim,
Rendered into English by Abdul Hamid Siddiqi, New Delhi 2007.

Silsile Veröffentlichungen 2017-2023

Oruç Güvenç, *Mevlānā Rūmī und die Gottgeliebten*, Wien 2017 (2023).

Ibn Waqt, *Das Elixier des vierfachen Wissens, Die Steinheilkunde*
Islamtheosophische Studien 02, Wien 2017 (2023)

Niyāzī-yi Mıṣrī, *Ein Tropfen im Meer des Erstaunens, Osmanische Sufi-Dichtung im Dīvān des Niyāzī-yi Mıṣrī*, Teil 1, Wien 2018.

Denis E. Mete, *Liebe und Furcht am Sufi-Weg des Einsseins (waḥdatu l-wucūd)*, Wien 2018.

Denis Mete, *Sayyar, Old oriental music therapy in ottoman maqâm music*, 2 Audio-CDs, Bocklet, Wien 2018.

Rahmi Oruç Güvenç u. Azize A. Güvenç, *Hey Reisender, hey Reisender, Eine Reise durch islamische Welten, orientalisch-musiktherapeutische Landschaften*, inkl. 2 Audio-Cds, Wien 2018.

Andrea Azize Güvenç, *Der Baksı Tanz und andere Anwendungen der aktiven Altorientalischen Musiktherapie*, Wien 2018.

Stephanie Clasemann, *Heiliges Usbekistan, Auf den Spuren großer Sufis*, Wien 2020.

Leone Strizik, *Das Wunder Kairo, Geschichten aus der Mutter aller Städte*, Wien 2021.

Imrgard Zingelmann, *Qur'anische Geschichten für die Herzen von Klein und Groß, Band 1 - Unsere Propheten*, Wien 2023.

Imrgard Zingelmann, *Handbuch zu Qur'anische Geschichten, Bd. 1*, Wien 2023.

Nacm ad-Dīn Kubrā, *Duft der Pracht und Öffnung der Macht, Fawā'iḥu l-camāl wa fawātiḥu l-calāl*, Wien 2023.

Oruç Güvenç u. Azize Güvenç, *Heilsame Musik aus dem Orient* Audio-Cd, Wien 2023.

Oruç Güvenç u. Azize Güvenç, Der *heilsame Tanz der Derwische* Audio-Cd, Wien 2023

In Vorbereitung

Aḥmed Celâleddīn Baykara, *Das große Alif, Dichtung des letzten Großmeisters des Rūmī-Ordens*

Aḥmed Ḥüsāmeddīn Dagestānī, *Das Tor des Lebens, Qur'ān-Tafsīr des Sufi-Pols*

Oruç Güvenç, *Das Gefüge des Derwischweges, Lehrgespräche 1991, mit Auszügen aus Sufi-Werken Ibn Arabis und Rumis*

Denis Mete, *Wohlklang währt unter der Kuppel, 1000 Jahre Maqām-Musik in Hospitälern und Derwisch-Konventen der islamischen Welt*

Denis Mete, *König der Herzen, Mevlānā Celāleddīn Rūmī*

Turgut Söylemezoğlu, *Einssein im Sein (vahdet fi-l-vücud), Aufzeichnungen seiner Lehren, kommentiert von Oruç Güvenç*

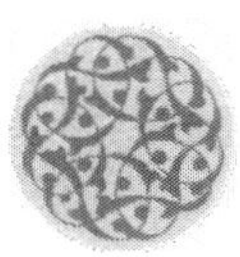

INDEX

I

J

K

L

M

N

U / Ü

V

W

Y

Konkurdanz der türkischen Übersetzung der Rubâ'î (Gencosman, Gölpınarlı) zur kritischen Edition des persischen Originals (Furûzânfar)

Rub Ge 66 ... 73	Rub t 297 ... 146	Rub d 181 ... 621
Rub Ge 67 ... 81	Rub t 301 ... 133	Rub d 192 ... 489
Rub Ge 82 ... 75	Rub t 304 ... 239	Rub d 195 ... 461
Rub Ge 84 1113	Rub t 310 ... 416	Rub d 196 ... 639
Rub Ge 207 195	Rub h 4 ... 433	Rub d 210 ... 754
Rub Ge 329 294	Rub d 2 ... 650	Rub d 211 ... 556
Rub Ge 448	Rub d 13 ... 724	Rub d 240 ... 615
Rub Ge 644	Rub d 18 ... 718	Rub d 242 ... 545
Rub Ge 797 1043	Rub d 20 ... 719	Rub d 243 ... 544
Rub Ge 798 1046	Rub d 21 ... 727	Rub d 249 ... 438
Rub Ge 820 1076	Rub d 22 ... 728	Rub d 269 ... 512
Rub a 27 5	Rub d 23 ... 729	Rub d 249 ... 438
Rub a 31 6	Rub d 25 ... 842	Rub d 320 ... 863
Rub a 43	Rub d 30 ... 739	Rub d 329 ... 775
Rub t 37 ... 311	Rub d 31 ... 683	Rub d 340 ... 603
Rub t 43 ... 388	Rub d 37 ... 726	Rub d 350 ... 530
Rub t 46 ... 370	Rub d 42 ... 517	Rub d 353 ... 568
Rub t 82 ... 330	Rub d 61 ... 736	Rub d 364
Rub t 86 ... 284	Rub d 62 ... 717	Rub d 366 ... 828
Rub t 87 ... 288	Rub d 68 ... 783	Rub d 367 ... 455
Rub t 89 ... 226	Rub d 72 ... 505	Rub d 375 ... 571
Rub t 93 ... 323	Rub d 77 ... 785	Rub d 378 ... 716
Rub t 105 ... 256	Rub d 78 ... 612	Rub d 390 ... 541
Rub t 110 ... 237	Rub d 80 ... 809	Rub d 391 ... 542
Rub t 113 ... 257	Rub d 93 ... 697	Rub d 408
Rub t 114 ... 325	Rub d 94 ... 531	Rub r 2 902
Rub t 116 ... 359	Rub d 133 ... 496	Rub r 14 ... 898
Rub t 118 ... 413	Rub d 135 ... 630	Rub s 7 988
Rub t 124 ... 410	Rub d 136 ... 805	Rub s 10 ... 989
Rub t 138 ... 105	Rub d 139 ... 616	Rub ş 16 ... 1004
Rub t 183 ... 112	Rub d 143 ... 537	Rub ' 3 ... 1048
Rub t 228... 325	Rub d 153 ... 548	Rub l 4 1083
Rub t 229... 326	Rub d 157 ... 592	Rub l 22 ... 1089
Rub t 237 ... 134	Rub d 159 ... 569	Rub m 49 ... 1309
Rub t 275 ... 391	Rub d 164 ... 834	Rub m 201... 1168
Rub t 279 ... 113	Rub d 166	Rub y 68 ... 1956